니체의 즐거운 비극

Amor Fati!

니체의 즐거운 비극 Amor Fati!

지은이 허현숙
발행일 2023년 6월 10일 **발행인** 이진숙
펴낸곳 충남대학교출판문화원 **주소** 대전광역시 유성구 대학로 99
전화 042-821-6045 **홈페이지** http://www.cnupress.co.kr **E-mail** cnupress@cnu.ac.kr

ISBN 979-11-6503-203-6 93160
정가 15,000원

니체의 즐거운 비극

Amor Fati!

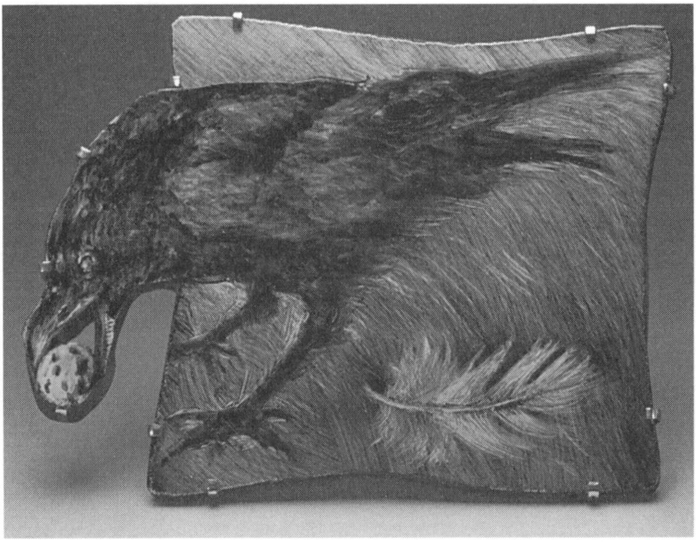

Mi-Sook Hur (b. 1965) Feather Trace, 2015
Collection of the Enamel Arts Foundation
https://www.enamelarts.org/feather-trace/

머리말

오 나의 영혼아, 불멸의 삶을 애써 바라지 말고
가능한 한 주어진 삶을 최선을 다해 살려고 노력하라!
- 핀다로스, 〈아폴론 축제 경기의 축가3〉

까뮈가 『시지프스 신화』를 시작하는 첫 구절은 핀다로스의 축가이다. 인간에게 '죽음'이 정해져 있는데 그 삶을 최선을 다해 살라고 하다니, 이는 삶의 가장 큰 부조리이다. 까뮈에 의하면 부조리는 죽음에 대해 인식하고 삶이 유한하다는 것을 깨닫는 그 순간에 발생한다. 이렇듯 부조리는 육체와 정신의 대립이다. 말하자면 대립은 언젠가는 죽을 것을 알고 있는 정신과 그럼에도 불구하고 지금 이 순간을 살고 있는 육체 사이의 충돌이다. 그러면 사람들은 부조리한 삶을 어떻게 살아가야 할까? 까뮈는 『시지프스 신화』에서 부조리한 삶에 대한 대책으로 '자살', '희망' 그리고 '반항'을 내세운다.

먼저 사람들은 개인적 비관이나 사회적 고립 등으로 부조리한 삶을 포기하기로 하는데, 그것은 '자살'이다. 그러나 좀더 삶의 기대와 소망을 가진 사람들은 미래를 내다보며 '내일', '나중'을 꿈꾸며 과학이니 철학 또는 종교와 같은 '희망'을 선택하기도 한다. 그러나 까뮈는 그 어떤 것도 사람들에게 해답을 주지 않는다고 말한다. 그에게 가장 참된 해답은 이들 대책들 중 마지막의 것, '반항'과 그와 동반되는 '자유'와 '열정'이다. '반항'은 부조리한 삶을 포기하는 자살이나 회피하는 희망이 아니라 그러한 삶을 있는 그대로 직면하게 한다. 까뮈는 끊임없는 반항만이 삶의 위대함을 회복시킨다고 말한다. 이제 까뮈는 죽음으로의 초대되는 삶을 '행복한 시지프스'를 상상하며 살아가기로 한다.

까뮈가 상상한 '행복한 시지프스'는 거대한 바위 앞에선 시지프스의 의식 속에 있다. 시지프스는 신들을 속인 죄로 거대한 바위를 산 정상까지 밀어 올려야 하는 형벌을 받았다. 거대한 바위는 그가 힘겹게 산 정상에 밀어 올려놓으면 순식간에 저 아래 골짜기로 다시 굴러 떨어진다. 이제 그는 또다시 저 아래에서 산 정상을 향해 거대한 바위를 밀어 올려야만 한다. 시지프스는 어떤 희망도 없이 이러한 무의미한 일을 영원히 반복해야 한다. 까뮈는 시지프스를 통해 부조리한 인간존재의 실존적 의미를 다시 한번 보여주고자 했다. 그러면 시지프스는 이러한 절망적 상황에서 빠져나와 어떻게 행복해질 수 있을까?

시지프스는 산 정상에서 굴러 떨어진 거대한 바위를 향하여 되돌아 내려간다. 그리고 또다시 그는 힘겹게 바위를 산 정상에 밀어 올린다. 시지프스는 왜 아무런 의미도 없는 이 삶을 또다시 살고자 하는 것일까? 까뮈가 무엇보다도 중요시하는 것은 바위를 밀어 올릴 때가 아니라 바위가 산 정상에서 굴러 떨어지는 그 순간이다. 시지프스는 '자살', '희망' 아니면 '반항' 등 결단을 내려야한다. 정상에서 굴러 떨어지는 바위를 바라보며 내딛는 그의 힘찬 발걸음을 보라! 시지프스는 자신의 운명보다도 더 우월하며, 그의 바위보다도 더 강하다. 거대한 바위는 시지프스에게 더 이상 고통도 좌절도 주지 않는 온전히 자신의 것이며 운명인 것이다.

시지프스의 삶은 지금 이 순간이 영원히 반복되고 돌아올 것이라는 니체의 영원회귀사상을 떠올리게 한다. 이처럼 우리의 삶은 그 뒤편에 다른 초월적인 세계가 존재한다기 보다는 지금 이 순간이 무한히 반복되는 부조리한 삶 그 자체인 것이다. 19세기 니체는 그의 시대를 뛰어넘어 자신의 삶과 연관 지어 철학을 한 사상가이다. 그의 철학은 그가 겪었던 전쟁의 공포와 병약했던 그의 삶 속의 절망을 그대로 담아내고 있다.

니체는 삶을 외면하는 기존의 가치와 규범들을 벗어 던진다. 그것이 니체가 예고한 전통적 형이상학과 기독교적 가치들의 몰락이며, 기존의 종교, 철학, 과학, 정치, 경제, 역사, 그리고 예술 등에 대한 전면적인 부정이었다. 결국 니체는 '신의 죽음'을 선포한다. 그의 신의 죽음은 아무런 목적도 의미도 없이 '영원회귀'하는 허무주의를 진단하는 극단적인 표명이며, 새로운 '가치 전도'의 계기라 할 수 있다.

여기 한 철학자 니체에게 가장 먼저 그리고 가장 마지막으로 요구되는 것은 무엇인가? 그는 자신이 사는 시대를 극복하고, 그 시대를 넘어서고자 하였다. 그가 가장 격렬하게 싸우는 대상은 한 사람의 데카당(decadent, 퇴락), 다름 아닌 자신이었다. 그에게 가장 본질적인 철학적인 물음은 '어떻게 사람은 본래의 자기 자신이 되는가?'이며, 이는 인간 자신의 본연의 창조성을 회복하기 위한 자기 인식이며, 자기극복이라 할 수 있다. 이렇게 니체가 창조하고자 하는 새로운 가치는 바로 자유정신이다. 이러한 자유정신이 기존의 가치에 의해 지배당하거나 구속당하는 삶에서 인간 본연의 창조성을 발휘하는 예술가적 삶으로 이끌어 주는 원동력이 된다.

니체는 이 시대에 사라져 버린 '음악'을 되찾아 우리의 부조리한 삶을 살아내고자 하였다. 니체는 "감히 하늘을 쳐다보지도 못할 만한 무거운 짐을 벗어내라. 반복되는 지루한 일상의 삶, 그 삶을 불평하지 말고 견디며 극복해 나갈 수 있도록 몸으로 예술을 하라"라고 말한다. 그는 삶의 고통 가운데 자신의 운명을 받아들임으로써 즐거운 죽음을 선택하는 '춤추는 차라투스트라'를 탄생시켰다. 니체는 『차라투스트라는 이렇게 말했다』에서 이렇게 말하였다. "인간에게 대지와 삶은 너무도 무겁다. 그러나 가벼워지고 새가 되기를 바라는 자는 대담하게 자기 자신이 되어 스스로를 사랑할 줄 알아야한다." 이것이 그가 말하는 '아모르 파티! (Amor Fati!)', 즉 영원히 자신의 운명을 사랑하라! 이며, 즐거운 비극이다.

일러두기

1. 독어판 KGW Ⅰ~Ⅷ-3: Friedrich Nietzsche, Kritische Gesamtausgabe Nietzsche Werke 『고증판 전집』, G. Colli · M. Montinari(Hrsg.), Berlin · New York: Walter de Gruyter, 1969~. 이하 KGW로 약칭함.
2. 한글판 『니체전집』 1~21권:Friedrich Nietzsche, 정동호 외 편역, 『니체전집』 1~21권, 서울: 책세상, 2019.

GT	Die Geburt der Tragödie aus dem Geist der Musik
VS	Versuch einer Selbstkritik
UB	Unzeitgemasse Betrachtungen
MA I	Menschliches, Allzumenschliches Ⅰ
MA II	Mens chliches, Allzumenschliches Ⅱ
M	Morgenröthe
FW	Die fröhliche Wissenschaft
Z Ⅰ	Also sprach Zarathustra Ⅰ
Z Ⅱ	Also sprach Zarathustra Ⅱ
Z Ⅲ	Also sprach Zarathustra Ⅲ
Z Ⅳ	Also sprach Zarathustra
JGB	Jenseits von Gut und Böse
GM	Zur Genealogie der Moral
W	Der Fall Wagner
GD	Götzen - Dämmerung
AC	Der Antichrist
EH	Ecce Homo
NW	Nietzsche contra Wagner

WB	Richard Wagner in Bayreuth

니체의 미 간행 논문 및 유고 단편

MD	Das griechische Musikdrama
ST	Socrates und die Tragödie
DW	Die dionysische Weltanschauung
SGT	Socrates und die griechische Tragödie
PHG	Die Philosophie im tragischen Zeitalter der Griechen
WL	Über Wahrheit und Lüge im aussermoralischen Sinne
N	Nachgelassene Fragmente

목 차

I 니체의 생애와 사상적 배경

II 쇼펜하우어, 바그너 그리고 니체의 만남

III 키타라와 아울로스에 담긴 비극적 사유

IV 그리스 비극에서 풀어낸 니체의 세계이해

V 나가는 말

I

니체의 생애와 사상적 배경

1. 니체, 그는 누구인가?

1861년 니체 어린시절

1844년 10월 15일 니체(Friedrich Wilhelm Nietzsche)는 뢰켄(Röcken)의 작은 마을에서 젊은 목사 부부의 아들로 태어났다. 그날은 마침 프로이센의 프리드리히 빌헬름 4세의 생일이었다. 아버지 카를 루트비히는 니체가 태어났을 때 너무도 감격한 나머지 다음과 같이 말하였다.

> 축복으로 가득 찬 10월이여! 이 달에 내 생애의 중요한 사건들이 일어났다. 그러나 내가 오늘 체험하는 가장 위대하고 화려한 일은 내 아이에게 세례를 주는 일이다. 오! 나의 행복한 순간이여. 오 귀중한 축제여. 오 말할 수 없이 성스러운 작품이여, 주님의 이름으로 축복받을지어다! 깊은 감동으로 나는 말한다. 이리 오려 무나 사랑하는 나의 아들이여, 세상에서 너는 프리드리히 빌헬름(Friedrich Wilhelm)이라는 이름을 갖게 된다. 나의 은인인 국왕 폐하의 탄생일에 네가 태어난 것을 기념해서.
>
> (이보 프란첼, 『니체』, 13~14쪽)

니체의 아버지, 카를 루트비히 니체는 그에게 프로이센의 왕의 이름을 따서 '프리드리히 빌헬름 니체'라 이름 지어주었다. 그는 피아노도 잘 치고 음악적 재능이 뛰어난 분이었다. 그는 때때로 즉흥적인 피아노 연주로 주위 사람들을 즐겁게 하는 사교적이고 호감을 주는 분이었다. 니체의 어머니, 프란체스카 욀러 또한 시골 목사의 막내딸로 건강하고 상냥한 여인이었다. 그러나 그에게 순탄하고 평화로운 삶은 그리 오래가지 않았다. 1849년 니체가 5살이 되기도 전에 니체의 아버지는 뇌 질환으로 세상을 떠났다. 유전이었을까 병약한 니체 또한 평생 만성 위장장애와 극심한 두통, 눈병 등을 달고 살아야 하였다. 그렇다고 고통으로 가득했던 삶에 굴복할 니체가 아니었다. 아버지의 음악적 재능을 한껏 물려받은 니체는 어렸을 때부터 시도 쓰고 작곡도 하는 등 뛰어난 소년이었다. 그가 10살 때 모테트(Motette)[1] 피아노곡을 작곡하면서 시작된 그의 천재적인 문학성은 이후로 50여 편 시를 지을 정도로 독보적이었다. 그렇게 그는 어렸을 때부터 음악을 사랑하며 그의 음악정신을 그의 철학에 담아 내었다.

1885년 니체는 라이프치히 대학에서 고전 문헌학을 공부하던 중 후기 낭만주의의 두 대표자, 쇼펜하우어와 바그너에게 대단한 영향을 받게 된다. 이때가 니체의 사상적 발전을 세 단계로 나누어 볼 때, 제1기에 해당한다.

제1기는 1869년에서 1876년까지 낭만주의적 또는 형이상학적 시기이다. 초기 니체의 사상은 인간의 고통에 처한 삶에 대한 현사실성을 드러내주는 쇼펜하우어의 염세주의와 이를 극복하기 위한 바그너의 음악극에 많은 영향을 받았다. 니체에게 현실은 고통으로 가득 찬 근원적 일자가 자신을 구원하기 위해 만들어 낸 일종의 가상이었다. 이러한 가상은 합리성, 이론적 낙천주의, 맹목적 믿음 등의 삶의 태도이며, 예술에서는 질서와 절제의 '아폴론적인 예술'이었다. 그러나 이러한 태도는 결국 인간을 질병, 피로, 불만, 고갈, 가난 등으로 이끌어 약함의 염세주의에 빠지도록 하는 몰락에의 의지였다. 니체는 절대적 지식에 대한 이론적 낙관주의와 같은 맹목적 믿음에 직접적으로 기인하는 염세주의에 대항하여 예술을 삶의 보호제와 치료제로서 권유하였다.

[1] 모테트(Motette)는 중세에 발생한 보통 다성부 성악 장르이다. 즉 이는 중세의 성가에서 일정 부분, 특히 독창 부분 가사를 두드러지게 하는 장식적이고 기독교적 다성부이다. 가장 중요한 모테트는 15세기 이후 라틴어 가사로 무반주 교회 합창이 있다. 독일에는 16세기 찬송가 모테트나 성서의 구절이나 새로 만든 신앙적 구호 등으로 작곡한 성구 모테트가 있다. 니체의 모테트도 성경을 다성적으로 해석한 무반주 악곡이다.

니체는 삶을 실존의 공포와 두려움으로 가득 찬 세계로 인식하고 이를 극복하기 위해 또 하나의 세계, 즉 비극을 재탄생시킨다. 니체에 의하면 비극은 음악정신의 결실이다. 니체는 최고의 예술인 비극을 통해 새로운 삶의 가치와 이상을 상징적으로 보여주고자 하였다. 니체는 『비극의 탄생』(1886)의 머리말에서 예술을 "인간 본래의 형이상학적 활동"으로 파악하고 있으며, "세계의 실존은 오직 예술적 현상으로만 정당화될 수 있다"라고 주장하였다. 그에게 예술은 아폴론적 아름다운 세계의 꿈과 환희, 그리고 그 안에 숨겨진 디오니소스적 야만적인 세계의 도취와 황홀속에서 탄생한 숭고한 아티카 비극을 말한다. 비극은 음악의 최고 황홀경 속에서 민족의 삶 전체를 흥분시키고 정화시키고 분출시키는 저 엄청난 힘을 가지고 민족의 가장 강력한 특성과 가장 위험한 특성 사이를 지배하는 매개자로 등장한다.

제2기는 1876년에서 1882년까지 실증주의적 형이상학적 시기이다. 이 시기에 쓰인 저서들은 『인간적인 너무나 인간적인』, 『아침놀』 그리고 『즐거운 학문』 등이 있다. 니체는 쇼펜하우어와 바그너의 낭만주의와 결별하고, 이상주의적 예술에 대한 열광 대신에 냉철한 실증주의적 과학정신으로 되돌아가려 하였다. 니체는 기존의 형성된 진리, 체계, 규범 등 삶과 세계를 정당화하는 모든 가치를 뒤집고 자유정신으로써 새로운 가치를 인간 자신으로부터 세워보려 하였다.

우선 그의 『인간적인 너무나 인간적인』에서 기존의 형이상학, 도덕, 종교 등을 비판하고, 『아침놀』에서 도덕과 그 위에 세워진 가치들을 대지 깊은 곳에서부터 해체하고 전도한다. 그리고 그 이후 나타날 새로운 세계를 '아직은 빛을 발하지 않은 수많은 아침놀'이라고 부른다. 여기서 『아침놀』은 도덕이라는 오랜 가치들에 의해 억압받았던 영혼과 양심을 해방한다는 의미에서 기존의 가치에 대한 파괴라고 부정으로 보기보다는 위대한 정오를 바라보는 긍정으로 보아야 한다. 그리고 『즐거운 학문』은 '즐거운' 비극을 다루고 있다. 진정한 즐거움은 실존의 고통과 두려움을 극복할 때 얻어질 수 있으며, 비극은 즐거움을 시도하려는 사람이 경험하게 되는 필연적인 계기이기 때문이다. 이 저서에는 처음 선포되는 신의 죽음과 더불어, 힘에의 의지, 영원회귀 등의 니체 후기 철학의 거의 모든 주제가 예고되어 있다.

제3기는 1882년에서 1889년까지 예언자적 또는 차라투스트라 시기이다. 그는 『차라투스트라는 이렇게 말했다』(1876)에서 비로소 그의 비극을 노래하는 차라투스트라를 선보인다. 그의 관심은 초월의 신이 아니라 대지의 인간이었으며, 위버멘쉬(Übermensch)는 바로 인간이 극복되어야 할 그 무엇이었다. 니체는 『차라투스트라는 이렇게 말했다』에서 자기 극복의 고통과 기쁨을 갖는 건강한 미래의 인간상을 제시하며, 이 현세의 삶에 굳게 뿌리를 둔 모든 것에 대한 긍정을 담고 있는 비극, 즉 비극적 명랑성을 추구하였다.

다음으로 이어지는 『선악의 저편』, 『도덕의 계보』 그리고 『우상의 황혼』 등은 현대성에 대한 비판, 도덕의 본질에 대한 계보학적인 비판, 그리고 모든 가치의 전도를 통한 우상들의 제거에 대한 해명이다 특히 『도덕의 계보』에서 니체는 자연적 성향을 거부하는 행위와 '양심의 가책'을 관련 짓는다. 니체는 정복, 모험, 위험 그리고 심지어 고통까지도 감내하는 숭고한 악의와 커다란 건강을 가져오는 창조적 정신을 요구하였다. 여기서 '양심의 가책'은 약자들의 저항 방식, 즉 그들의 '힘에의 의지'의 발현이었다. 이러한 정신을 가져올 미래의 인간은 허무주의에서 인간을 구원해 주는 신과 허무를 극복한 자이다.

나는 춤을 출 줄 아는 신만을 믿는다. 나는 걷는 방법을 배웠다. 그 후 나는

> 줄곧 달렸다. 나는 나는 방법을 배웠다. 그 후 나는 다른 사람의 도움 없이도 움직일 수 있었다. 이제 나는 가볍다. 나는 날고 있으며 나 자신을 내려다보고 있다. 이제야 어떤 신이 내 몸속에서 춤을 춘다. (KGW VI-1: Z Ⅰ, 47쪽)

『차라투스트라는 이렇게 말했다』라는 그 제목 밑에 '모든 사람을 위한 그러면서 그 누구를 위한 것도 아닌 책'이란 부제가 있다. 이 책에 대해 니체는 문자로만 그 내용을 이해하려 하지 말고 그 실존적 의미를 찾아 '지금 여기(hic et nunc)'에서 삶을 깨닫고 경험하라고 말한다. 바로 실존적 진리는 지식이나 지각만을 전달하는 것이 아니라 이에 바탕을 둔 자신만의 고유한 실존으로 가기로 결단하는 태도를 전달하는 것이기 때문에, 실존적 진리에 이르는 길은 모두에게 제각기 다를 수밖에 없다. 그러니 우리는 대지에서 누리는 한 번뿐인 삶을 노래하고, 춤추는 영원한 아이가 되는 수밖에……. 니체는 운명을 사랑하면 비로소 춤을 출 줄 안다고 말한다. 니체가 말하는 진정한 삶의 철학자는 바로 춤추는 차라투스트라이다.

2. 왜 음악 정신인가?

니체

니체에게 음악은 그의 사상에서 어떤 위상을 차지하며 어떤 의미를 지니는 것일까? 니체는 전문적인 음악교육을 받지 않았지만, 자신을 철학자가 아닌 예술가로 생각하였다. 실제로 니체는 기악곡을 남길 만큼 음악에 대한 열정이 대단하였다. 그의 작품들이 주는 철학적 의미는 삶의 창조자로서 자유로움을 실현하는 음악 정신이었다. 음악 정신은 그에게 어두움 젊음에 번개와 빛을 던져주었던 디오니소스와 똑같은 삶의 기쁨, 자유로움 그리고 해방감을 가져다주었다. 그는 가곡이나 피아노곡을 작곡하였는데 그의 작품은 상상의 날개를 펴며 낭만주의적인 슈베르트나 슈만의 노래를 부르던 죽은 아버지를 연상케 하였다. 특히 그가 작곡한 〈만프레드 명상(Manfred Meditation)〉은 한스 폰 뷜로(Hans von Bulow)에게 보여줄 정도로 스스로 좋은 작품이라 생각하였다.[2)]

니체의 음악에 대한 깊은 관심과 이해는 『디오니소스적 세계관(Die dionysische Weltanschauung)』(1870)부터 『비극의 탄생』(1872), 『바그너의 경우(Fall Wagner)』(1888)와 『니체 대 바그너(Nietzsche contra Wagner)』(1889) 등에 이르기까지 저서 곳곳에서 발견된다. 특히 그의 『음악의 정신으로부터 비극의 탄생』은 고대 그리스 비극에서 찾은 비극적 사유의 실존적 의미에 대한 이해이다. 니체의 예술가적 삶은 아폴론적으로 인간의 내면적 환상 세계를 아름다운 가상으로 변용하고, 디오니소스적으로 인간의 근원적 모순과 실존적 고통을 드러내어 창조적인 삶으로 연결해준다. 이때 그리스 비극은 아폴론적 예술과 디오니소스적 예술의 혼합과 변용의 결과로써 예술이 지니는 형이상학적 세계를 드러내는 최고의 예술이다.

비극적 사유(Tragödien-Denken)[3)]는 예술가-형이상학(Artisten-Metaphysik)이라고 불리는 그의 예술철학의 기초가 되었다. 니체에게 예술가-형이상학은 고

2) 한스 폰 뷜로(Hans von Bulow, 1830~1894), 독일 낭만주의 시대의 지휘자, 피아니스트이다. 그는 바그너 등 주요 작곡가를 성공시켰다. 그는 1857년 리스트의 딸 코지마와 결혼하지만 이혼하였다. 그와 이혼 한 그녀는 바그너의 아내가 되었다. 〈만프레드 명상(Manfred Meditation)〉은 니체가 오케스트라를 염두에 두고 작곡하였는데, 안타깝게도 뷜로로부터 혹평을 받았다.

3) 니체의 비극적 사유(Tragödien-Denken)는 소크라테스의 등장과 함께 해체된 비극(Tragoedia)의 세계를 의미한다. 비극(Tragoedia)은 Tragi(염소)+Oide(노래)의 합성어로서, 이 단어가 어떻게 비극이란 단어로 사용되었는지는 견해가 다양하다. 고대 그리스에서는 합창 경연 후 혹은 디오니소스 축제 때 승자를 위해 염소를 제물로 바치는 관습이 있었는데, 그때 염소의 죽음에 대한 합창에서 비극이 유래했다고 한다. 또 중세 사람들은 염소가 비통한 울음소리를 내기에 슬픈 연극을 염소의 극이란 의미에서 Tragoedia를 비극(悲劇)이라고 해석하였다. 여기서 니체가 복원하고자 했던 그리스 비극과 비극적 사유는 현대의 비극(悲劇)의 개념과는 본질에서 다르다는 것을 밝혀둔다.

통으로 가득 찬 삶과 세계의 본질을 이해하고 극복하려는 가치 창조적 구상이었다. 예술가-형이상학의 핵심은 다음과 같다. 세계는 매 순간 변화하며, 인간은 고통을 겪는 근원적 일자로서 존재한다. 이 근원적 일자는 아름다운 가상의 세계를 창조한다. 아름다운 가상의 세계는 우리가 사는 현상세계이다. 근원적 일자는 그러한 가상을 창조하는 기쁨을 통해 자신을 구원한다. 니체는 예술적인 현상을 바탕으로 인간의 삶과 세계를 이해하고 평가한다. 따라서 그의 예술가-형이상학 개념에서 가장 중심적인 명제는 "삶과 세계는 오로지 미학적 현상으로서만 정당화된다"고 할 수 있다. 니체는 고대 그리스 비극이 삶과 세계의 근원적 의미와 가치를 찾아내고 형이상학의 역할을 떠맡을 수 있다고 보았다. 니체는 인간과 삶의 세계를 미학적으로 정당화하기 위해 고대 그리스 비극으로부터 디오니소스적 도취의 예술 개념을 정립한다.

니체가 음악에 대해 품은 미학적 의문은 다음과 같다. 먼저 음악으로부터? (Aus der Musik), 음악과 비극(Musik und Tragödie), 그리스인들과 비극적 음악(Griechen und Tragödien-Musik), 그리스인들과 염세주의 예술작품(Griechen und das Kunstwerk des Pessimismus) 그리고 그리스 예술(griechische Kunst) 등의 주제들이다. 이러한 주제들이 니체가 예술에 관한 새로운 학문을 구상할 목적으로 고안한 예술가-형이상학의 기초가 되는 개념들이다. 니체는 "예술 그리고 오직 예술!"을 외친다. 니체에게 음악의 아름다움이 주는 그 감동과 경이는 자유와 해방 그리고 사랑 등을 향한 그리스적 의지의 표명이다. 니체의 디오니소스적 음악은 일종의 엑스타시(ecstasy)와 신들림(enthusiasm)과 같은 리듬의 효과를 준다. 그에게 음악은 삶의 의미와 기쁨을 회복하는 위대한 치료제이며 행복한 삶으로의 위대한 보호제이다. 니체는 기존의 음악의 가치를 전도시킨 새로운 가치 정립의 원리로서 창조적 음악 정신을 도입하였다.

니체는 고대 그리스인들이 삶의 가혹함과 두려움 속에서 최고의 문화적 융성기를 이루어 낸 점에 주목하였다. 고대 그리스인들은 비극적 상황 속에서도 탁월한 감수성을 발휘하여 염세주의에 맞서 세상을 긍정적으로 말할 수 있었다. 고대 그리스인들이 그리스 신화로부터 삶의 문제를 미학적(aesthetic)으로 체험하고 성찰하는 의식적인 인간의 행위는 바로 니체가 생각하는 두가지 방식 디오니소스적인 태도와 아폴론적인 태도이다. 니체는 비극의 제의적(祭儀的)이고 신화적인 상황을 재창조할 수 있는 인물로 바그너를 내세웠다. 니체는 바그너가 독일민족의 신화를 재건해주기를 기대하였다.

니체의 『비극의 탄생』(1872)이 집필된 시기는 프로이센-프랑스(보불)전쟁 중이었고, 빌헬름 1세와 비스마르크가 1871년 1월 18일 통일 독일을 선언하기 1년 전이었다. 독일 제국의 전쟁에서 승리와 국민적 광분이 폭발할 때 니체는 그 정점에서 절망적인 회의로 그것을 바라본다. 그는 분열된 게르만 민족을 하나로 묶을 수 있는 민족 이념으로써 아폴론적인 조류인 신화가 필요하였다. 그리고 그는 민족의 정서를 하나로 묶을 수 있는 가락으로 디오니소스적 조류인 민요와 어떻게 결합될 수 있는지 고찰하였다.

이제 1872년에 출간된 『비극의 탄생』(Die Geburt der Tragödie aus dem Geiste der Musik)은 그리스 정신을 문헌학이 아닌 철학자의 관점에서 해석함으로써, 철학자로 니체를 세상에 알린 처녀작이다. 이 저서는 1870~1871년에 걸친 프보불전쟁의 격동기였음에도 불구하고 쓰였다. 뵈르트 전투의 포성이 유럽 전체를 휩쓸고 있는 동안 그는 알프스 산속의 어느 모퉁이에 앉아서 사색과 수수께끼에 골몰하고 있었고, 이 때문에 전황에 대해 근심을 품기도 했지만 동시에 무관심하기도 하였다. 그리고 그는 그리스인들에 대한 자기 생각을 적어 나갔다.

니체가 철학을 만나게 되는 결정적인 계기는 바로 쇼펜하우어의 저서를 읽으면서 시작된다. 쇼펜하우어는 니체에게 부르크하르트가 준 것 보다 더 막대한 영향을 주었다. 쇼펜하우어 사상을 통해 니체는 스스로 최초의 비극적 철학자, 즉 염세주의에 대한 극단적인 대립자로서 자신 안에 도사리고 있는 천재성을 불러일으켜 독자적 사상체계를 형성된다. 니체가 주장하는 '디오니소스적인 것'은 쇼펜하우어의 사상에 영향을 받은 것이지만 디오니소스적 음악을 통해 그가 추구하는 비극의 본질은 삶의 긍정이다. 니체의 '왜 살아야 하는가?'에 대한 물음은 보불전쟁의 의무병으로 참전하면서 그가 겪은 실존적 물음이기도 하다. 삶과 세계를 긍정하는 '디오니소스적인 것'은 그의 후기 철학에서 인간 감정의 총체인 고통, 열정, 불행의 의미를 담고 있는 거리의 파토스(Pathos)가 깃든 자유정신의 모범으로서 삶의 창조적 가능성을 고취시켰다.

II

쇼펜하우어, 바그너 그리고 니체의 만남

1. 쇼펜하우어의 음악미학

1.1. 쇼펜하우어, 그는 누구인가?

쇼펜하우어

니체와 아르투어 쇼펜하우어(A. Schopenhauer)와의 만남은 1868년 6월 라이프치히 대학 근처 고서점에서 우연히 발견한 그의 저서 『의지와 표상으로서의 세계(Die Welt als Wille und Vorstellung)』(1819)로 시작되었다. 니체는 그때의 감동을 다음과 같이 회고하였다.

> 어느 날 나는 늙은 론씨의 고서점에서 이 책을 발견했고, 낯선 책이라 생각하며 무심코 책장을 넘겨보았다. 그런데 어떤 악마가 내 귀에다 대고 '이 책을 사서 돌아가라'고 속삭이는 것 같았다. [……] 모든 구절이 체념과 부정과 절망을 외치고 있었으며 그것은 나에게 세계와 인생과 나 자신의 기분을 무서울 정도로 엄청나게 비춰주는 하나의 거울이었다. 여기서 모든 이해관계에서 벗어나 바라보는 태양과 같은 예술의 눈이 나를 바라보았다. 여기서 나는 질병과 쾌유, 추방과 피난처, 지옥과 천국을 보았다. 자기인식. 정말이지 자신을 하나하나 곱씹어보고 싶은 욕구가 강렬하게 엄습해왔다. (이보 프란첼, 『니체』, 40~42쪽)

그 무렵 니체는 잦은 편두통으로 사흘 밤낮으로 시달렸고, 온갖 병고로 인한 괴로움으로 힘겨웠고, 누구에게도 의지하지 못한 채 외로이 방황하고 있었다. 그는 어떠한 신조도, 희망도, 즐거움도, 추억도 없었다고 고백하였다. 그에게 삶은 고통 그 자체로 한편의 '비극' 장르였으며, 상황적으로 '비극적인 것'이었다. 어떠한 신적인 섭리로도 삶의 의미를 찾을 수 없었던 그에게 그럼에도 불구하고 살아가야 할 진정한 가치는 무엇이었을까? 여기서 니체에게 쇼펜하우어의 염세주의 철학은 고통으로 가득 찬 자신의 현실을 마주하게 해주었다. 이러한 그의 철학은 플라톤의 형이상학과 칸트의 인식론을 바탕으로 인도 베단타 철학의 범신론, 그리고 불교 등의 영향을 받았다.

먼저 플라톤의 세계의 존재방식과 인식방식을 살펴보면 플라톤은 세계를 현상계와 이데아계로 나누고 물질의 세계인 현상계는 가상일 뿐이며, 참된 실재는 관념의 세계인 이데아계라고 주장하였다. 그러면 인간에게 이데아 세계에 대한 인식이 어떻게 가능한가? 플라톤은 "이데아계의 영혼은 불멸할 뿐만 아니라 여러 번 태어나고 여기 지상뿐만 아니라 하데스에 있는 모든 것을 보았기 때문에 영혼은 배우지 않는 것이 없다"고 말한다. 즉 본래 인간의 영혼은 그들의 몸으로 들어오기 전에 이데아계에 머물러 있으면서 모든 진리들을 알고 있었다. 그런데 인간의 영혼이 그들의 몸으로 들어오면서 이데아계 진리들을 모두 잊어버리게 되었다. 따라서 플라톤에게 참된 인식은 인간이 현상계에서 새롭게 배우는 것이 아니라 이데아계에서 이미 알고 있었던 진리들을 스스로 깨닫고 기억해내는 것이다.

다음으로 칸트의 세계의 존재 방식과 인식방식을 살펴보면 칸트는 세계를 현상계와 물자체로 나누었다. 우선 현상계는 직관형식, 즉 시간과 공간으로 경험되는 대상(객관)들이 존재하는 물질세계이며, 이 때 존재하는 모든 '가능한 한 경험의 대상'은 인간의 인식능력에 의해 파악되는 객관으로 현상 이외의 다른 것일 수없다. 물자체 세계는 시간과 공간으로 인식되지 않는 초경험적인 초월세계이다. 그러면 그에게 참된 인식은 어떻게 가능한가? 그의 인식방식은 『순수이성비판』에서 어떻게 해서 선천적이면서 종합적인 판단이 가능한가라는 비판철학이다. 그는 신이나 영혼과 같은 초경험적인 것에 대해 순수 사유를 통해 인식이 가능하다는 독단적인 형이상학에 매달려서도 안 되고, 경험적 관념들만을 인식의 범주 안으로 끌어들이면서 형이상학을 배격해서도 안된다고 주장하였다. 우선 참된 인식의 성립은 이성이 확실성의 진리를 제공해 주는 보편타당한 법칙성을 요구하기 때문에 모든 감각적인 경험으로부터 독립된 선천적인 판단이어야 한다. 그리고 '우리의 모든 지식은 경험과 더불어 시작한다.'라는 그의 주장처럼 우리의 지식을 확장해 주는 사실적인 판단이어야 하기 때문에 분석판단이 아니라 종합 판단이어야 한다. 따라서 그에게 학문적인 모든 진리 인식은 선천적이면서 종합적인 판단이어야 한다.

이들에 영향을 받은 쇼펜하우어는 그의 주요 저서 『의지와 표상으로서의 세계』에서 세계를 현상계인 '표상으로서의 세계'와 물자체인 '의지로서의 세계'로 나누었다. 그러나 쇼펜하우어는 그들이 주장하는 영혼과 몸, 관념과 실재를 그리고 객관과 주관을 유기적으로 결합시킨다. 그의 "세계는 나의 표상이다"라는 주장처럼 우리가 인식하는 세계는 칸트와 마찬가지로 현상계로 한정하여 우리에게 표상으로 나타난다. 즉 형이상학적인 의미에서 대상은 의지의 현상으로 의지가 객관화된 것이 표상이며 하나로 존재하며, 인식론적인 의미에서 표상은 세상의 모든 것들이 주관의 대상으로 표상과 의지로 구분된다.

그러면 세계는 어떻게 다양성과 차별성을 가지고 존재할 수 있을까? 그는 그의 『충족이유율은 네가지 뿌리』에서 세계의 존재방식인 개별화의 원리를 밝혀주었다. 즉 개별화의 원리에 따라 존재하는 모든 현상들이 간에는 충분한 이유이자 원칙이 있어야한다. 현상계에 일어나는 모든 현상들 간에 원인과 결과를 인과적 연관으로 설명하는 충족이유율은 세계의 존재방식이자 인식방식이다. 모든 원칙들은 이러한 이유들을 통해 어떤 것이 있거나 발생하거나 인식되는 결과와 보편적으로 연관된다. 충족이유율은 이와 같이 인과적 연관을 생성의 충족이유율, 인식의 충족이유율,

존재의 충족이유율, 그리고 행위의 충족이유율로 제시하고 있다. 먼저 생성의 충족이유율은 세계의 생성변화에는 충분한 이유, 즉 원인이 있어야 한다는 원칙이다. 또한 인식의 충족이유율은 인식이란 무엇이 어떠한 상태 또는 그 성질이 어떠하다는 것을 아는 것인데, 우리의 인식에도 충분한 이유, 즉 원인이 있어야 한다는 원칙이다. 그리고 존재의 충족이유율은 어떤 사물이 존재하려면 충분한 이유, 즉 시간과 공간의 확보가 있어야 한다는 원칙이다. 마지막으로 행위의 충족이유율은 우리가 어떤 행동을 하려면 충분한 이유, 즉 원인이 있어야 한다는 원칙이다. 이러한 원칙들은 일반적으로 받아들이지는 아리스토텔레스의 개별화의 원리로 일반적으로 받아들여지는 질료인, 형상인 작용인 그리고 목적인의 구분에 기원한다.

이렇듯 쇼펜하우어의 세계는 충족이유율에 의해 인식되는 의지가 표상으로 드러나는 상태인 표상으로서의 세계로 존재하며 세계의 본질은 모든 사물의 내적 원리로 작용하는 맹목적인 충동으로서의 삶에의 의지이다. 따라서 인간이 삶을 고통스럽다고 느끼는 이유는 그들이 '표상으로서의 세계'에 갇혀서 맹목적인 삶에의 의지에 사로잡혀 있기 때문이다. 그러면 인간이 삶에의 맹목적 의지를 부정하고 초월하여 '의지로서의 세계' 로 나아간다면 자기 구원에 이를 수 있지 않을까? 쇼펜하우어는 의지와 욕망으로부터 영원한 구원을 얻기 위해서는 금욕을 생활화하고 욕망을 완전히 근절하고 부정해야한다고 보았다. 쇼펜하우어에게 구원은 의지의 포기, 즉 체념하거나 현실을 뛰어넘어 존재하는 예술, 즉 '의지로서의 세계' 에 있었다. 그에게 예술은 현재의 삶의 고통에서 벗어나 죽음과 같은 평안에 이르게 하는 구원의 길이었다.

1.2. 쇼펜하우어의 염세주의적 세계관

니체와 쇼펜하우어와 함께 공유했던 하나의 중심 테제는 '모든 삶은 고통이다(alles Leben Leiden ist)'라는 염세주의(Pessimismus)세계관이다. 쇼펜하우어에게 삶은 저주이며 오직 고통으로만 가득한 세계였다. 그에게 삶이 비극적인 이유는 형이상학적 관점에서 인간의 본질이 삶에의 의지, 즉 맹목적 삶에의 의지에 끌려갈 수밖에 없는 숙명이기 때문이었다. 그는 의욕하는 인간이 그들의 욕망으로 인해 현실을 왜곡하고 허구와 환상, 자기기만을 낳는다고 생각하였다. 이에 니체는 고대 그리스인들이 모두가 염세주의자였으며 그 또한 어린 시절 염세주의자였다고 고백하였다.

이러한 염세주의적 세계관에 대한 논거는 크게 두 가지로 제시할 수 있다. 하나는 모든 의욕함이 '부족'과 '결핍'으로부터 나오며, 욕구에 대한 만족은 오직 한순간일 뿐, 그것은 언제나 다시 새로운 욕구를 만들어낸다는 것이다. 이 때문에, 우리가 의욕함의 주체인 한 지속적인 행복이나 평화를 획득하는 것은 불가능하다. 또 하나는 모든 의욕함은 다른 의욕함들과 불가피한 충돌을 하게 된다는 것이다. "악(Eris, 惡), 즉 모든 개체의 충돌"과 이기심은 "모든 갈등과 모든 고통의 출발점"이며 따라서 "개체성(individuality)"과 "다수성(plurality)"이 모든 악의 근원인 것으로 여겨졌다. 쇼펜하우어에게 비극적인 것은 노동, 결핍, 비참, 고통, 그리고 죽음에 있었다. 쇼펜하우어가 비극적인 것에 대해 생각했던 부분을 니체는 다음과 같이 인용하였다.

> 모든 비극적인 것에 우리를 고양하는 특별한 힘을 부여하는 이유는 세계와 삶이 우리에게 참된 만족을 줄 수 없기 때문이다. 따라서 우리는 세계와 삶에 집착할 필요가 없음을 인식하게 된다. 여기에 비극적 정신의 본질이 있다. 비극적 정신은 우리를 체념으로 이끈다. (KGW III-1: VS, 13~14쪽)

그런데 이러한 비극적 정신이 체념으로 이어지는 이유는 인간의 삶이 항상 무엇인가에 대해 욕망하는 맹목적 의지의 세계이기 때문이다. 즉 이러한 인간은 하나의 욕망이 충족되더라도 이내 다시 새로운 욕망을 만들어내는데, 끊임없이 의욕하는 그들에게 지속적인 행복이나 만족을 기대하기란 불가능하다. 따라서 인간에게 삶은 이러한 무한한 욕망으로 인해 결핍과 좌절을 겪어야 하는 고통의 연속일 수밖에 없다. 그러니 어떻게 인간이 고통으로부터 해방되는 쾌락이나 행복이 있을 수 있겠는가? 바로 이것은 망상에 불과하다. 쇼펜하우어는 그들에게 욕망으로 가득 찬 맹목적인 삶에의 의지를 부정하는 체념하는 금욕적인 삶을 살아가라고 말한다.

쇼펜하우어는 인간이 표상의 세계에 갇혀 자신만의 삶에의 의지에 사로잡혀 있는 것이 고통의 근원으로 보는 염세주의적 세계관을 주장하였다. 쇼펜하우어는 이러한 염세주의를 극복하기 위해서는 삶에의 맹목적 의지를 부정하고 초월하여 의지로서의 세계로 나가야 한다고 주장하였다. 이는 의지가 내적 평정에 도달하게 된다고 여기는 도덕적인 믿음과 연결된다. 즉 인간은 끊임없는 욕망을 무(無)로 깨달음으로써 이기주의를 극복하고 동시에 최고 경지의 내적 평정을 찾게 된다.

쇼펜하우어는 인간의 자기 구원(Selbsterlösung)의 방법을 예술에서 찾았다. 쇼펜하우어에게 예술은 인간의 마음에 작용하는 순간이 인간의 의지가 움직이는 순간이다. 그는 더는 욕망하지 않는 도덕적으로 최고의 경지가 바로 최고점의 미학적 체험과 같다고 여겼다. 즉 미학적 체험은 의지의 작용에 기인한다는 것이다. 그 순간 인간은 시간과 공간으로 연결된 표상의 세계에 얽매인 이기적인 욕망을 극복하게 되고, 우주적인 보편성을 깨달으면서 자신 이외의 만물 영장의 고통에 눈을 돌리게 된다는 것이다. 바로 인간이 욕망하는 나(Ich)를 완전히 잊어버리고 순수한 주체(Subjekt)로서의 나(Ich)가 되는 순간이다. 쇼펜하우어는 예술이 인간 내면에 작용하는 동안 인간은 영원히 변치 않는 이데아를 보게 되며, 그 순간 인간은 자신의 이기적인 욕망에서 벗어나게 될 수 있다고 보았다.

> 앎은 이러한 [의지에의] 예속으로부터 벗어나, 그 족쇄를 벗어 던지고, 의지의 모든 목적들로부터 자유로이, 순수하게 그 자체로 존재할 수 있다. [……] 그리고 이것이 예술의 원천이다. (WWR, I, §27, 152쪽)

쇼펜하우어의 철학의 중심은 예술이며, 최고의 예술은 음악이었다. 쇼펜하우어에게 있어 음악은 현상이 아니라 의지 그 자체를 직접적으로 나타내 주는 형이상학적이고 보편적인 언어이며 세계의 본질과 연결된다. 쇼펜하우어는 최고의 예술을 '비극'이라고 보았다. 그는 예술, 특히 비극이 의지의 종속에서 벗어날 수 있게 해준다고 주장하였다. 쇼펜하우어에 따르면, 예술가들은 사물들의 영원한 형상을 지각하고 그것을 예술작품 안에서 표현한다. 특히 그리스 비극은 그리스인들의 염세적이고 비관적인 감수성을 잘 드러내 주었다. 그들의 예술작품은 고통, 비탄, 악의 승리, 우연의 지배, 바르고 무고한 자들의 몰락과 같은 참된 삶의 특징들을 극적 형식으로 표현하였다. 그런 의미에서 그에게 그리스 비극은 데카당스(décadence)의 표현이었다.

니체는 쇼펜하우어가 체념으로 이끄는 삶에 대한 부정을 긍정으로 전환하면서 모든 가치를 상승시킨다고 보았다. 쇼펜하우어에게 고통으로 가득 찬 인간의 모습은 허구일 뿐이며 본래의 모습이 아니며, 고통은 의지가 만들어낸 가상이며 착각에서 오는 것이었다. 그러나 니체는 쇼펜하우어가 고통으로 가득한 삶과 세계에 대한 그의 부정을 극복하고, 참된 삶이 고통으로 가득한 삶과 세계 그 자체임을 인정하고 그러한 삶을 적극적으로 살아가는 절대 긍정을 주장하였다.

니체는 삶의 고통과 고뇌, 공포와 전율 등 비극적 상황 속에서 그리스인과 그리스 예술 속에 나타난 "명랑성(Heiterkeit)"[1]에 의문을 품고 "음악 정신

---

1) "명랑성(Heiterkeit(독), Serenity(영))" , 요한 빙켈만은 중세이래 무거운 진지함에 대해 그리스인들의 낙천주의적 명랑성을 대비시킨다. 니체는 『비극의 탄생』에서 그리스 정신을 낙천주의적 명랑성으로

으로부터의 비극의 탄생"을 집필하게 된다. 그는 기존의 형이상학이나 기독교는 우리의 현실과는 다른 피안(彼岸)의 세상을 절대적이고 보편적인 세계로 설정해 놓고 차안(此岸)의 문제들을 해결하려는 시도라 보았다. 그는 인간의 삶에서 절대적이고 최고의 가치들, 철학, 종교, 도덕 등에서 니힐리즘의 근본적인 원인을 찾았다. 그에게 이러한 모든 가치는 어떤 것도 존재하지 않는 무(nihil)이다. 그는 이러한 전통 형이상학의 한계를 지적하는 동시에 인간적 삶의 척도로서 삶을 지탱해 온 전통 기독교적 가치들과 대립각을 세우기 시작하였다.

1.3. 쇼펜하우어의 의지 형이상학

"음악은 감정을 표현한다."라는 생각은 19세기 낭만주의자들이 음악을 언어 이상의 존재로 "아름다운 예술의 탄생"이라고 믿었다. 그들은 음악이 개념적 언어가 도달할 수 없는 그 이상의 세계, 말하자면 인간의 가장 깊고 비밀스러운 감정과 무한세계를 표현한다고 생각하였다. 그들에게 음악은 "인간의 가장 깊고 비밀스러운 감정"이며 "규정되지 않는 분위기"이며, "감정의 마술적인 영혼"으로 표현되었다. 이 같은 생각은 박켄로더(Wilhelm Wackenroder)와 티크(Ludwig Tieck) 등을 시작으로 쇼펜하우어에 이르러 그 정점에 이르게 된다. 쇼펜하우어는 『예술애호가를 위한 예술에 대한 판타지』(1799)에 나타난 박켄로더와 티크의 음악미학[2]을 전반적으로 수용하였다. 초기 낭만주의에서 완전히 분리되어 있던 두 세계-신적이고 무한한 정신의 세계(Welt des Geistigen)와 인간적이고 유한한 현실의 세계(Welt des

보는 견해에 대해 의문을 제기하고 해명하였다.

2) 음악이 최고의 예술 자리로 올라가게 된 계기는 박켄로더와 티크와 같은 음악이론가들의 주장 때문이었다. 이들은 인간의 감성은 명확하게 표현할 수 없기에 이들은 언어나 텍스트를 사용하지 않고, 인간의 깊은 내면의 세계에 감동을 주는 음악, 특히 기악음악의 가치를 높게 평가한다. 음악의 이런 새로운 가치 평가 외에 19세기 낭만주의 예술가들이 특히 관심을 가졌던 것은 모든 예술의 융화와 합일이었다. 이는 바그너가 주장한 종합예술작품과 같은 맥락에서 이해될 수 있다.

Realen)-가 쇼펜하우어의 철학에서 의지의 세계(Welt der Wille)와 표상의 세계(Welt der Vorstellung)로서 하나의 시스템을 형성하게 된다.

프랑크푸르트학파의 창시자 호르크하이머(Max Horkheimer)는 쇼펜하우어를 '혜안의 염세주의자(ein hellsichtiger Pessimist)'라고 불렀다. 즉 영원한 것으로서의 맹목적 의지 강령은 낡은 형이상학으로부터 부여받은 기만적 합리화 근거들을 이 세계에서 제거해내는 것이었다. 그는 쇼펜하우어의 철학을 이데올로기 비판자로 평가하였다. 쇼펜하우어의 의지와 예술과의 관계에 대한 사고는 초기 낭만주의 문인들의 그것과 근본적으로 유사한 맥락이 있다. 박켄로더와 티크는 자연을 바라보거나 혹은 자연에서 들려오는 음악을 들으면서 자신을 잊어버리고 자신의 영혼과 우주 자연이 하나됨을 체험한다고 하였다. 음악에 의해 이끌어진 정신세계에서 이들은 관조하는 순수한 나가 되는 자신을 발견할 수 있었다. 쇼펜하우어는 자연을 인간의 의지에서 나온 우연한 현상이라고 여겼다. 그리고 인간은 예술적인 감성을 통해 자연의 현상을 자신의 내면에 흡수하게 되고, 바로 이때 의지를 거부하고 순수하게 관조하는 주체인 인간이 된다고 보았다.

쇼펜하우어에게 음악은 세계의 본질과 연결되는 형이상학적이면서 보편적인 언어이다. 쇼펜하우어는 현실에서 실현될 수 없는 이상적 세계를 음악을 통해 경험할 수 있다고 생각하였다.[3] 쇼펜하우어에게 음악은 삶에의 의지이다. 음악은 우리를 끊임없이 의지의 충동과 대면하게 하고 그 충동 속에서 전체 의지를 직접 모사한다. 그래서 음악의 미학적 작용은 세계와 우리 자신의 내적 존재를 연결해주는 본질적으로 중요한 의미를 지닌다. 그는 바로 이 점에서 음악이 다른 예술을 능가하는 위대함이 있다고

---

3) 쇼펜하우어는 음악을 실질적이고 구체적으로 경험한 철학자이다. 그는 부유한 가정환경과 부모의 교육열에 힘입어 오페라나 음악회 같은 다양한 음악체험은 물론이고 플룻, 기타, 성악 교습을 받았다. 그는 로시니의 모든 오페라 작품을 플룻으로 편곡해서 악보로 가지고 매일 아침 연주하곤 했을 정도였다. 음악 이론에 대한 지식도 해박하였으며, 특히 음악의 형이상학에 대한 글을 집필하기 전에 대위법에 집중하기도 하였다.

보았다. 따라서 음악은 형이상학적 위엄을 부여받게 되고 이 시기에 쇼펜하우어의 음악적 의지 형이상학이 형성된다.

쇼펜하우어에 의하면 예술가는 상상하는 주체인 내가 상상이 되는 객체로서 세계와 서로 인과적 관계를 맺는다. 세계가 객체로 표현된 예술작품은 한 주체적 예술가인 나의 상상이다. 그는 예술작품과 수용자의 관계도 이와 같은 맥락에서 이해한다. 수용자인 상상을 하는 '나'가 예술작품 안에서 자신을 완전히 잊어버리고 이 객체에 몰입하게 되었을 때, 주체적인 나와 객체적인 세계가 표현된 예술작품은 하나가 된다는 것이다. 예술가나 혹은 수용자인 주체적 나와 예술작품이 합일되는 순간은 의지가 작용하는 순간이다. 이것은 박켄로더가 언급한 '교감하는 통일'이 이루어지는 순간을 떠올리게 한다.

쇼펜하우어에게 있어서 음악은 가장 높은 경지의 예술이다. 그에 있어서 음악으로 표현되는 의지는 충동과 격정 등의 인격적인 감정이 아니라 인간 존재의 가장 깊은 내면을 말하기 때문에 모든 의지를 직접 객관화한 것이다. 음악은 세계 내에 존재하는 어떤 이념을 단순히 모방하거나 반복하지 않는 세계 그 자체를 능가할 정도로 분명한 보편적 언어이다. 그러므로 모든 다른 예술들보다 음악의 효과는 더 강력하고 호소력이 크다. 다른 예술들이 단지 현상들의 그림자에 관해 말하고 있지만, 음악은 현상들의 본질에 관해 기술한다. 이는 결코 음악 미학적인 맥락 내에서 다루어질 수 없는 쇼펜하우어의 음악 형이상학의 독특한 성격이며 의미이다.

쇼펜하우어에 의하면 세계는 표상으로서의 세계와 의지로서의 세계로 구분된다. 이때 그의 '표상으로서의 세계'는 플라톤의 가상으로서의 현상계와 칸트의 물질세계인 현상계에 해당하고, 그의 '의지로서의 세계'는 플라톤의 이데아계와 칸트의 물자체 세계에 해당한다. 쇼펜하우어는 칸트 비평가인 슐체(Got lob Ernst Schulze)를 만나면서 칸트뿐만 아니라 플라톤의 사상을 비판적으로 이해하기 시작하였다. 우선 그의 개별화의 원리는 존재자의 본질과 근거를 탐구하는 형이상학적 논의의 중심이다. 그는 플라톤이 구분한 우리가 보고 느끼는 현상계와 그 너머 이성으로 인식할 수 있는 이데아계에 주목하였다. 그리고 그는 현상계는 가상(Schein)[4] 일뿐이며, 이데아의 세계 존재하는 참다운 실재를 추구해야 한다는 것을 알게 되었다. 플라톤의 이데아계는 시·공간이라는 개별화의 원리에 의해 다수의 개별자로 나타나며, 우리의 주관에 표상되는 것이다. 이로써 쇼펜하우어에게 의지가 가장 명료하게 객관화된 표상으로서 세계의 근거는 플라톤의 이데아계였다.

반면 칸트에게 있어서 현상계는 인간의 아프리오리(a priori)한 인식능력인 시간과 공간 개념으로 인식되는 세계이다. 그리고 물자체는 이런 현상계 너머에 시간과 공간으로 인식되지 않는 근원적인 세계이다. 칸트가 회의주의를 극복하기보다 오히려 그가 비판에 노출되었음을 슐체가 보여주었다. 슐체에 의하면 칸트는 물자체가 무엇인지 알 수 없다고 하면서도 그것의 실재성을 지각 표상의 원인으로 상정하였다. 매기(Bryan Magee) 또한 칸트의 물자체와 현상에 대응하는 쇼펜하우어의 의지와 표상은 표면적으로 유사하지만 중요한 차이가 있다고 하였다. 쇼펜하우어는 물자체와 현상에 대한 칸트의 구분을 받아들이지만, 또한 그것을 거부한다. 즉, 쇼펜하우어는 칸트가 현상과 물자체를 구분하면서도 물자체를 불가지계로 남겨두었다고 비판한다. 쇼펜하우어에게 물자체는 인식 가능한 것이었다. 이

---

4) 가상(Schein) 혹은 현상(Erscheinung)의 또 다른 의미는 '우리 앞에 나타나는 것' 이라는 직접적인 의미로 겉모습(appearance) 혹은 현상(Phenomenon)이다. 실러는 예술에 대해' 아름다운 가상 '이라는 문구를 사용한다. 이는 존재의 아름다운 외관을 의미하는데 실러는 예술을 존재의 이미지가 비치거나 나타나는 반쯤 투명한 베일로서 생각한다. 가상을 사용하는 사람은 항상 그 반대 짝으로서 '존재(sein)'를 함축한다. 이 둘은 아폴론적인 것이 디오니소스적인 것과 함께 속하는 것과 유사한 방식으로 함께 융화되어 있다. 니체가 생각하기에 "모든 조형력의 신인 아폴론은 예언의 신이기도 하다. 어원에 따르면 '빛나는 자', 빛의 신을 의미하는 그는 내면의 환상 세계의 아름다운 가상을 지배한다." (KGW Ⅲ~1:GT, 23쪽.), 밝기 및 겉모습과는 별개로 가상은 외관(semblance), 환상(illusion) 혹은 기만을 의미할 수 있다. 마르크스는 이데올로기를 거짓된 가상(존재의 잘못된 겉모습)이라고 말한다.

점이 쇼펜하우어가 플라톤적 세계 해석을 따르고 있다는 것이다. 그렇지만 정작 쇼펜하우어 자신은 칸트의 물자체 개념도 플라톤의 이데아 세계 해석도 모두 거부하였다.

쇼펜하우어는 자신의 삶에의 의지(Wille zum Leben)를 인식 가능한 물자체의 근원적 존재 또는 근원적 원리로 제시하고 있다. 물자체로서의 의지는 그 현상과는 전혀 다른 것이며 또 현상의 모든 형식으로부터 완전히 자유로운 것이다. 이러한 현상은 의지가 나타나면 비로소 취하는 형식이기 때문에 의지의 객관성에 관계할 뿐이며 의지 그 자체는 결과적으로 맹목적(grundlos)이다. 그리고 앞서 살펴본 염세주의적 세계관에서 쇼펜하우어가 말하는 이러한 맹목적인 의지는 고통을 초래한다. 쇼펜하우어에게 완전한 체념이나 성스러운 경지라고 불리는 삶에 대한 의지의 부정은 의지의 내면적인 충돌과 살아 있는 모든 것들의 고통 속에서 표현되는 의지의 본질적인 허무성에 관한 인식이다.

그러면 다시 돌아가서 염세주의적 세계관에서 의지의 부정을 논하는 근거는 무엇일까? 쇼펜하우어의 의지는 두 가지 근거에서 맹목적이다. 먼저 삶에의 의지는 삶이 언제나 확실하고 그것의 유일한 형식은 현재라는 점에서 맹목적이다. 또한 현상 속에 삶은 탄생과 죽음이 지배하는 것처럼, 삶은 현재로부터 도피할 수 없기 때문에 맹목적이다. 따라서 현재는 고통으로 가득 찬 삶이기 때문에 당연히 구원을 위해 의지를 포기하고 부정해야 한다. 이렇듯 의지의 자유로운 부정이나 포기와 함께 이 현상들도 모두 소멸하게 된다.

이러한 쇼펜하우어의 답변은 불교사상을 토대로 삶의 의지를 부정함으로써 아무런 의지도, 아무런 표상도, 아무런 세계도 없는(kein Wille, keine Vorstellung, keine Welt) 열반의 상태에서 자기인식, 즉 깨달음을 획득하는 것을 그의 '철학함'의 신조이다. 쇼펜하우어는 의지를 부정함으로써 궁극적으로 생(生)·노(老)·병(病)·사(死)를 극복하는 열반(Nirwana)이 삶의 의지에 도달할 수 있다고 보았다. 이는 불교에서 주장하는 열반에 도달함으로써 불교적 공(空)의 상태에 몰입하려는 의도를 보여주고 있다. 이렇듯 쇼펜하우어는 인간이 표상의 세계에 갇혀 맹목적인 삶에로의 의지 때문에 고통받고 있으며 이를 극복하기 위해 해탈 또는 해방을 강조한다.

쇼펜하우어의 근대 합리주의의 철학은 그의 직접적 또는 간접적인 결과인 과학 문명과 아울러 자본주의를 표방한다. 수학적 이성에 의해 완전성과 절대성을 추구하는 합리주의는 필연적으로 일면적일 수밖에 없다. 따라서 수학적 이성 이외에 인간의 다양한 능력들, 예컨대 정서, 신앙, 의지, 감정 등을 계발함으로써 이성의 파편화를 지적하고 포괄적인 문화를 발전시키는 태도가 쇼펜하우어의 철학에서 밝혀지고 있다. 이로써 삶에의 의지가 궁극적으로 긍정된다.

니체는 쇼펜하우어가 주장하는 의지의 세계가 표상된 객체에 부여하는 삶에의 의지를 인간의 가장 기본적인 욕망이라 보았고, 이것이 예술로 발현된 것이 디오니소스적인 것이라 보았다. 쇼펜하우어의 영향력은 니체의 핵심 사상인 '힘에로의 의지'에 그 흔적이 남아 있다. 또한, 쇼펜하우어의 속물들과 구별되는 '천재'는 후에 니체의 자기 극복을 완성한 '위버멘쉬'로 이어진다. 따라서 니체는 춤추고 노래하는 차라투스트라가 음악을 통해 현실에서 실현될 수 없는 이상적 세계를 표현하고 있음을 경험할 수 있었다.

그러나 니체는 쇼펜하우어의 맹목적인 의지에 영향을 받았지만 쇼펜하우어의 이러한 염세주의적 결론이 서양의 도덕적인 존재론적 전통에서 벗어나지 못했다고 보았다. 그러니 쇼펜하우어는 완고한 도덕적 인간으로서 자신이 도덕적 평가를 하고 옳음을 인정받기 위해 결국엔 세계-부정자가 될 수밖에 없었다. 니체는 쇼펜하우어의 철학을 만난지 10년이 지나

서야 그의 염세주의의 어두운 그림자에서 벗어날 수 있었다. 물론 니체는 쇼펜하우어의 염세주의도 극복하고 쇼펜하우어의 '의지'도 폐기하였다. 따라서 니체가 초기 그의 철학에서 보여준 쇼펜하우어에 대한 각별한 관심은 후기 철학에서 더이상 나타나지 않게 되었다.

2. 바그너의 음악극

2.1. 바그너, 그는 누구인가?

바그너

니체와 리하르트 바그너(W.R. Wagner)와의 만남은 1868년 11월, 라이프치히에서 시작되었다. 그러니까 당시 24세 니체가 스위스의 바젤 대학의 고전 문헌학 교수로 채용되기 3개월 전이었다. 니체는 바그너와의 만남에 대해 친구 로데에게 다음과 같이 말하였다.

> 식사 전후에 바그너는 마이스터징거(Meistersinger)의 중요한 부분을 연주하였는데 온갖 음을 자유자재로 구사했네. 그는 매우 쾌활하고 말이 빠르고 재기가 넘쳐서 모임을 아주 유쾌하게 만들었지. [……] 나는 쇼펜하우어에 관해서 그와 상당히 긴 대화를 나눌 수 있었네. 바그너는 아주 자상하게 쇼펜하우어에 관해서 말했는데, 그는 쇼펜하우어가 음악의 본질을 인식한 유일한 철학자라는 것을 말했을 때, 아, 나는 정말로 만족했다네!
>
> (이보 프란첼, 『니체』, 33쪽)

쇼펜하우어 철학에 심취해 있었던 니체와 바그너는 도시 트립셴에서 자주 만나 그들의 음악과 철학에 대한 깊은 대화를 나누며 가까이 지냈다.

그들의 대화는 『이 사람을 보라』(1888)에서 그의 「폴란드 노래」에 대해 언급했듯이 감각의 해방, 즉 육체의 해방과 고대의 재탄생에 관해서 열띤 토론으로 이어졌다. 니체는 바그너의 음악극 「트리스탄과 이졸데(Tristan und Isolde)」에 나오는 노래들이 시에 의한 음악의 통일이라는 점에서 시의 맛을 더해 주었다고 극찬하였다. 바그너의 음악극 「트리스탄과 이졸데」는 낭만주의를 대표하는 극으로 라이트모티브[5], 레치타티보[6], 그리고 무한선율[7] 등을 사용하여 드라마 전체의 특성상 이룰 수 없는 사랑에 대한 무한한 동경과 사랑의 황홀함을 잘 그려낸 작품이었다. 니체가 바그너에게 받은 느낌은 절대적인 이상향과 바로 신성함에 가까울 정도로 엄청난 삶의 진지함이었다. 그는 쇼펜하우어로부터 특히 "음악은 의지의 직접적인 표현이다"라는 활력소를 얻은 후, 이내 본래의 자리로 되돌아온다. 이는 앞서 예술이 빚어낸 환상과 이해할 수 없는 신적 꿈의 형상을 통해 삶의 고통으로부터 벗어나고자 했던 쇼펜하우어의 주장을 다시 기억하게 한다. 니체는 종교의 영향을 능가하는 건 예술뿐이며 그러한 예술만이 삶을 유희로 바꾸어 놓을 수 있는 놀라운 생명의 구원이라 믿었다.

바그너는 독일제국의 빌헬름 군사 정부의 정치적 통합에 상응하는 민

---

5) 라이트모티브(Leitmotiv)는 음악과 극을 연결하게 할 방법으로서 시도동기, 유도동기, 지도동기 등으로 번역된다. 이는 극적 통일감을 획득하기 위한 음악적인 방법으로 각각 극 중의 어떠한 인물 또는 사물 및 사실 등을 상징한다. 이것은 극의 흐름에 따라 그것이 상징하고 있는 요소들의 변화와 함께 변형되고 발전되어 간다. 본질에서 심리적 상징성을 내포하고 있는 라이트모티브는 극의 줄거리가 전개되는 바에 따라 주제가 발전되듯이 끊임없이 변화한다. 이처럼 극 중의 중심적인 인물, 사물 및 사실 등을 상징하고 있는 라이트모티브를 분석하는 것은 극적인 내용 파악은 물론 치밀한 음악적 구성을 이해하는데 매우 중요하다.

6) 레치타티보(recitativo)는 기악 또는 반주가 붙는 서창(敍唱)이라고 번역되며 오페라 · 오라토리오 · 칸타타 등에 쓰이는 창법이다. 레치타티보는 선율에 따라 아름답게 부르는 아리아에 비해 대사 내용에 중점을 둔다. 또한 레치타티보는 리드 · 발라드 또는 연주회용 아리아 등에도 쓰인다.

7) 무한선율(unendliche Melodie)이란 일반적으로는 바그너의 작품에서 멜로디와 멜로디 사이의 일단락을 고의로 피한 멜로디의 부단한 연속을 말한다. 이는 바그너의 창작적 의도에서 생긴 것으로, 그의 작품에 반드시 제시되는, 인간의 비극적인 최후에 부여되는 '구원', 무한에의 해소에 도달하는 것에 관계되고 있다. 그러나 그 내부는 매우 계획성이 있는 구성을 보여 바그너의 원숙함을 충분히 엿볼 수 있다.

족의 정신적 · 미학적 재생이 있어야 가치가 있다고 생각하였다. 음악사적으로 낭만주의의 절정기에 살았던 바그너는 기존의 신 중심적 교회음악에서 벗어나 인간 중심적 음악극을 탄생시켰다. 니체가 디오니소스적인 것을 표현할 때면 그것은 바로 음악이었는데, 그를 오랫동안 황홀경에 빠지게 했던 음악세계는 바로 바그너의 음악극이었다. 니체가 보기에 바그너는 아이스킬로스의 진정한 제자이자 그에 필적하는 자였는데, 그의 음악극은 과거 그리스 비극작가 아이스킬로스와 소포클레스가 그랬던 것처럼 일련의 장면들이 아폴론적 세계와 디오니소스적 세계를 아름답게 하나의 이야기로 구성해내는 위대한 예술작품이었다. 이러한 바그너의 음악극은 과거와 같이 완전한 예술형식을 복원하고 초자연적이고 환상적인 낭만주의적 세계관을 보여주었다.

또한 바그너의 연작 「니벨룽엔의 반지」는 엄밀한 음악극이면서도 바그너의 예술적인 의식을 살펴볼 수 있는 대표적 작품 중 하나이다. 1852년 바그너는 「니벨룽엔의 반지」 대본을 완성했으며, 그의 종합예술 이론에 관한 글을 발표하였다. 여기서 바그너는 그의 주요한 작곡기법인 라이트모티브를 통해 유기적 통일체인 음악극을 종합예술작품형식으로 구현하였다. 라이트모티브는 고대 비극에서 신들의 세계와 인간의 운명이 갖는 전체적 관련성을 다룬다. 「니벨룽의 반지」는 신화화보다는 극화에 초점을 두었던 작품으로 니체에게 영감을 불어넣어 주었다. 1889년 1월 초, 그는 용감하게 오페라 작곡가의 미망인 코지마 바그너한테 편지를 썼다. "난 오늘날 신과 다를 바 없는 한 어릿광대가 디오니소스 송가를 끝냈다는 소리를 들었습니다… …"라고 할 정도로 니체는 바그너를 디오니소스로 비유하였다. 니체에게 바그너는 그리스 영웅과 같은 신을 닮은 위버멘쉬였다. 니체는 디오니소스적 예술과 아폴론적 예술이 화합의 정점을 이루는 그리스 비극이 바그너의 음악극에서 부활될 수 있다고 기대하였다.

2.2. 바그너의 낭만주의적 세계관

1827년 베토벤이 사망한 전후로 유럽의 음악 기법은 형식을 중시하는 전통 고전주의에서 벗어나 보다 개인적이고 감성적인 표현을 중요시하게 되었다. 당시의 낭만주의자들은 모든 것은 정신이라는 근원에서 비롯되므로 직접 대립하는 것은 존재하지 않는다고 생각하였다. 이에 그들은 학문과 예술 및 종교, 이성과 상상력 등 이질적인 요소들의 통일을 추구했으며 세계에 대한 감각과 오성, 자아의 분리를 예술을 통하여 종합하고자 하였다. 따라서 그들은 예술가의 환상 속 순수의식을 통해 실제적 삶의 원초적 표상이 현존하는 현실에 맞추어 신화를 새롭게 재해석하였다.

새로운 신화에 대한 그들의 낭만주의적 요구는 초기 낭만주의 문학가들인 슐레겔, 셸링, 횔덜린 등과 헤겔까지 많은 철학자들에 의해 추구되었다. 이렇듯 바그너의 음악극 또한 초자연적이고 환상적인 낭만주의적 세계관을 보여준다. 그가 음악에 사용했던 여러 기법과 그의 음악 세계는 베토벤과 베버와 음악의 혁신적인 면을 이은 것으로 그의 음악극에서 드러나는 무한선율과 관현악적인 특징들이 그리스 비극의 재현이라고 여겨졌다. 또한 단편적인(fragmentary) 작곡기법이라고 불린 작곡기법은 중요한 형식일 뿐만 아니라 그들 세계관의 주된 요소이다. 슐레겔과 노발리스와 같은 초기 낭만주의자들에게 있어서 단편적인 사고방법은 칸트와 피히테의 철학적 이상주의 안에서 형이상학의 위기와 프랑스혁명 전후로 발생한 정치적 위기에 대처하는 유일한 방식이었다. 이러한 작곡기법은 근대성이 문학에서 구체적으로 실현된 것으로 이해된다.

니체는 이들 낭만주의자의 물리적 지평의 파괴가 직접적으로 기독교적 윤리와 전통 형이상학의 관념체계를 붕괴시킨다고 보았다. 니체는 황폐하고 지쳐버린 당대의 독일문화에 원초적 힘과 같은 활력을 불어넣어 그리스 비극의 창조를 희망하였다. 니체는 『바그너의 경우』 제10절에서 바그녀에 대한 자신의 주장을 다음과 같이 정리하였다.

> 실제로 바그너는 평생 하나의 명제만 되풀이해왔다. 바그너에 있어서 음악은 단지 음악만을 의미하지는 않고 음악 그 이상을 의미한다. …. '단지 음악만이 아니다.'—어떤 음악가도 이렇게 말하지 않았다. (KGW III-1: GT, 29쪽)

> 바그너가 젊은이들을 정복한 것은 음악이 아니라 이념이었다. …. 이는 헤겔이 당대 젊은이들을 유혹하고 현혹했던 천재성과 같은 것이다. (KGW VI-3: W, 30~31쪽)

바그너는 음악이 가진 사회적 소명과 지향성에 대해 예술이란 일부 계층의 도구가 아닌 모든 사회 계층을 망라한 예술적 표현이어야 한다고 주장하였다. 모든 예술 속에서 음악은 가장 중심적인 위치를 차지하게 되었으며, 본래 음악은 기악음악으로 그 가치가 충분히 인정되었다. 또한, 바그너는 음악은 모든 조형 예술적 아름다움의 범주와는 다른 미학 원리에 따라 적용되어야 한다고 주장하였다. 바그너는 음악이 극적 세계와 결부된 감정의 움직임을 내 영혼 앞에 더욱 생생하게 반영하는 마법적 힘을 가지고 있는 영원한 진리임을 강조하였다.

니체가 그리스 비극과 관련하여 바그너의 음악극에서 특히 주목한 것은 가장 쇼펜하우어적 작품이라 여겼던 「트리스탄과 이졸데(Tristan und Isolde)」(1865)이다. 쇼펜하우어가 우리의 삶이 초월적이라는 것을 조금이라도 보여주는 방식을 브라이언 메기는 이성적인 사랑으로 통하는 길, 예술 특히 음악을 통하는 길 그리고 자비심을 근거한 자기 포기의 신비주의를 통하는 길이라고 생각하였다.

바그너는 「로엔그린」에 대해 스스로 낭만적 오페라라 이름 붙이고 "이제 더 이상 오페라는 만들지 않겠다"고 선언한 후에 다시 은밀하게 만든 것이 바로 음악극 「트리스탄과 이졸데」이다. 3막으로 이루어진 「트리스탄과 이졸데」는 「로엔그린」 종래의 근대 오페라 대부분이 시의 각운에 의존하였던 것에 반해, 언어 자체의 멜로디와 음악을 부자연스럽게 연결하여 두운을 함께 사용하면서 두운과 각운을 병합한 새로운 음악적 표현을 시도한 작품이었다. 또한 그의 새로운 기법인 라이트모티브는 이 작품에서 처음 사용된 것은 아니지만 이전에 만들었던 작품보다 훨씬 비중있게 사용되었다.

우선 음악극 「트리스탄과 이졸데」는 트리스탄과 이졸데 두 사람이 사랑하고 있었지만 끝내 그들의 죽음으로 끝나는 비극이다. 그들의 내면적인 사랑의 감정은 「동경동기」, 「사랑동기, 「운명동기」, 그리고 「죽음동기」 등의 라이트모티브를 사용한 음악으로 표현하였다. 극은 그들의 진정시킬 수 없는 욕망의 가장 작은 부문에서 시작하여 이루어질 수 없는 사랑을 고백하는 섬세한 떨림과 이러한 사랑의 무서운 폭발에 이르기까지, 마음속에 불타고 있는 정열과의 헛된 싸움에서 일어나는 모든 감정이 전개된다.

이때 선율이 쉼없이 그리고 깊게 녹아 들며 하나가 되게하는 무한선율을 사용하여 그들의 사랑이 격렬한 음악을 시작으로 점점 감미로운 사랑의 기쁨으로 이어지고 관능적인 분위기 속에서 반음계의 선율이 그칠 줄 모르고 계속된다. 두 사람이 황홀감에 빠져지게 되고 두 사람은 환희의 클라이맥스에서 사랑의 괴로움을 표현하는 음악이 울려 퍼진다. 그러나 사랑의 꿈과 점점 분명해지는 현실 사이에서 트리스탄은 이졸데에 대한 사랑을 이야기하는 기쁨의 노래를 부르고 끝내 트리스탄은 이졸데를 껴안은 채 숨을 거둔다. 이졸데도 잠시 정신을 차리지만 또다시 사랑의 기쁨속에서 「이졸데의 사랑과 죽음」을 노래하고 숨을 거둔다.

이처럼 낭만주의 시대에는 죽음이라는 개념이 예술가들의 주요 창작

동기 중 하나였다. 오페라를 비롯해 문학, 미술, 연극 등 예술 전반에 걸쳐 죽음을 주제로 삼은 작품이 드물지 않았다. 연인 모두의 죽음을 통해 결실을 보는 사랑 등이 대표적인 예다. 당시 예술인들이 죽음이라는 개념을 중요하게 여긴 이유는 죽음이 고통스러운 현실을 벗어나 낭만주의자들이 추구하는 이상향, 즉 유토피아로 나아갈 수 있는 유일한 수단이자 관문이라고 여겼기 때문이다. 낭만주의 예술작품에서 죽음이라는 해결책은 현실적으로는 비극적 결말이지만 이상적으로 행복한 결말에 도달하기 위한 것이기도 하다. 바그너에게 구원이란 종교적 의미에 국한되지 않고 자신의 음악 인생 전반에 걸쳐 심리적인 해방의 영역까지 포괄한다. 바그너에게 음악은 청년기와 중년기에 겪은 빈곤이나 지배층의 억압, 여론의 비난 등으로부터 벗어나는 진정한 자유로움을 꿈꾸게 하였다.

바그너의 음악극 「트리스탄과 이졸데」는 니체가 그의 『비극의 탄생』을 집필한 직접적 동기를 제공한 작품이었다. 「트리스탄과 이졸데」에 나타난 인간실존에 관한 의미는 무의식적인 것, 자아의 한계, 상실의 불가피함 등과 관련되는 '불협화음'의 표현이었다. 바그너 음악극에서 보여주는 불협화음의 효과는 그리스 비극이 주는 미적 체험과 일치한다.

> 우리의 현재 속에서 디오니소스적 정신이 점차 깨어나고 있다는 사실을 보증하는 가장 확실한 조짐이 보일 때, 우리 마음속에서 얼마나 희망이 샘솟겠는가! 독일 정신의 디오니소스적 기반으로부터 하나의 힘이 솟아올랐다. [……] 그 힘이란 독일음악이다. 그리고 그것은 특히 바흐로부터 베토벤, 베토벤으로부터 바그너에게 태양처럼 강력하게 운행하는 독일음악이다. (KGW III-1: GT, 123쪽)

바그너는 그의 「베토벤론(Beethoven)」(1970)에서 절대음악이 "세계의 모든 것을 포괄하는 이데아의 세계"(umfassende Idee der Welt)로 표현하고 있다고 하였다. 음악의 영역은 언어의 평범한 의미영역을 초월하는 시적 세계이다. 또한 음악의 영역은 일상적 현실의 세속성으로부터 해방된 절대성의 본질 세계이다. 베토벤의 음악은 형용할 수 없는 무한한 동경을 나타내기 때문에 공포, 무서움, 경악, 고통을 통해 인간의 감정에서 낭만주의적 본질을 일깨워 줄 수 있었다. 니체는 『바그너의 경우』에서 다음과 같이 말하였다.

> 현대성은 바그너를 통해 자신 안에 있는 가장 내밀한 말을 하는 것이다: 현대성은 자신의 선한 면도 숨기지 않고, 악한 면도 숨기지 않는다. …. 바그너에게 선과 악의 결과가 어떠할지가 명백히 알려지면, 현대의 가치에 대한 계산이 거의 끝나버린 셈이 된다. (KGW VI-3: W, 3쪽)

바그너는 1840년대 그의 초기 저서에서 절대음악이 인간의 원초적인 감정을 추상적으로 표현한다고 보았다. 바그너는 자신의 오페라 소재의 상당 부분을 고대 게르만 신화, 중세 독일문화 그리고 중세 독일 역사에서 찾았다. 그가 이러한 소재를 선택한 이유는 신화가 민족정신에 그 뿌리를 내리고 있으면서, 압축되고 강화된 형식으로 민족의 내적 본질을 형성하는 힘을 지니고 있다고 보았기 때문이다. 그는 신화 세계가 공동체의 집합적 상상력의 산물임을 제시한다. 따라서 신화는 민족공동체의 전달방식으로 공동체의 삶에 있어서 문제를 해결해주는 문화적 기능을 한다. 바그너의 음악극은 신화나 전설을 통해 시대와 지역을 초월한 근원적인 인간성을 표현하여 새로운 신화를 만들고자 하였다. 따라서 바그너의 음악의 본질은 바로 민족주의적이고 그의 음악극의 뿌리는 바로 민족정신임을 보여준다.

2.3. 바그너의 종합예술작품론

바그너의 종합예술작품(Gesamtkunstwerk)[8]의 이상은 그의 음악극들 속에서 구현되었다. 이러한 이론은 독일의 철학자이며 신학자 트렌도르프(Karl Friedrich Eusebius Trahndorff)가 그의 저서 『예술의 세계관(Weltanschauung und Kunst)』(1827)에서 표현한 종합예술작품론에서 비롯되었다. 여기서종합예술작품의 작업이 가장 철저하게 이루어진 작품은 바그너의 「니벨룽엔의 반지(Der Ring des Nibelungen)[9]」이다. 여기서 바그너는 예술에서 어김없이 발견되는 신화적 요소로부터 해방시키려는 시도로 종합예술적 이념을 담아내어 극화하는데 연출의 초점을 맞추었다. 그는 음악의 흐름이 그자체로 끊임없이 환원하고 종합하는 방식으로 극화하는 이질적인 힘들의 작용을 드러내고 인물들에 대한 그 어떤 신화화도 일체 거부하며 작품들을 연출하였다.

1876년 바이로이트에서는 페스티벌하우스의 개관과 더불어 그의 대표작 「니벨룽엔의 반지」가 초연되었다. 「니벨룽엔의 반지」는 바그너가 1848년 이 작품의 초안부터 1876년 전곡의 초연까지 무려 28년 동안 대본을 쓰고 음악을 작곡하고 공연하기까지 그의 열정적인 작품이다. 「니벨룽엔의 반지」는 「라인의 황금(Rhinegold)」, 「발퀴레(Valkyrie)」, 「지크프리트(Siegfried)」, 「신들의 황혼(Twilight of the Gods)」의 4부 연작으로 이루어졌다. 「라인의 황금」은 1869년에, 「발퀴레」는 1870년에 뮌헨에서 초연되었다. 「지크프리트」와 「신들의 황혼」은 1876년 바이로이트 축제극장에서 초연되었다. 특

8) 종합예술작품은 바로크 오페라에서 보는 것과 같이 시, 음악, 춤, 건축, 회화 등 여러 예술 장르의 공동 작업을 의미하는 것이 아니라 오히려 모든 예술을 하나의 새로운 것으로 유기적으로 엮는 것을 의미한다.

9) 「니벨룽엔의 반지」의 니벨룽엔은 니벨룽의 복수형으로서, 고대북방어인 Nilfheim, 곧 Nebelheim 에서 유래한다. 이는 죽은 사람들의 나라라는 뜻을 가지는데, 이곳에 사는 사람들이 곧 중세독일어로 니벨룽 (Niheiung)이다. 이 니벨룽의 보물이라고 불리는 황금을 가진 자는 모두 니벨룽이 되어 죽음의 나라로 가지 않으면 안 된다는 신화가 이 「니벨룽엔의 반지」의 배경이 되지만, 이 속에 나오는 여러 주인공들 중 지그프리트와 브린힐데는 이 신화보다 더 오래된 옛이야기인 옛다신화에서 따온 것이고 보탄은 북유럽의 신화에서 유래한다.

히 전곡을 공연하려면 나흘이 소요되는 바그너의 대(大)서사시 「니벨룽엔의 반지」는 프랑스 그랜드 오페라에 영향을 준 독일 작곡가 마이어베어(Giacomo Meyerbeer)와 베버(Carl Maria von Weber)[10]에서 벗어나 바그너 자신이 주창한 종합예술작품을 구현하려는 의지가 분명하게 드러난다.

그의 「니벨룽엔의 반지(Der Ring des Nibelungen)」는 니벨룽의 노래를 모티브(motive)로 하였다. 바그너의 대본은 「니벨룽의 노래」를 충실히 따르지 않으며 인물이나 장소의 설정도 매우 다르다. 이를테면 니벨룽족을 다룰 때도 바그너는 지하의 난장이족이라고 표현하여, 전설에서는 깊은 곳에 감추어져 있던 사상을 표면에 확실히 드러낸다. 음악가로서 바그너는 니벨룽의 노래를 「니벨룽엔의 반지」라는 무대 축제극으로 제작하여 공연하였다. 「니벨룽엔의 반지」는 당시 격변하는 시대적 조류 속에서 신화의 해석과 독일인의 정체성 회복을 시도한 사례이다. 바그너는 「니벨룽엔의 반지」 등장인물 지그프리트를 프리드리히 바르바로사(Friedrich Barbarosa)와 비교하면서 게르만 신화는 게르만 역사를 투영한 것이라고 주장하였다.

이처럼 바이로이트에서 공연된 「니벨룽엔의 반지」는 이런 그의 신념이 투영된 것이다. 이 점에서 바그너는 당시 독일의 사회적 상황을 볼 때 비스마르크의 독일 통일과 문화정책이 미흡하다고 주장하였다. 바그너는 비스마르크가 독일 통일에 큰 역할을 했지만 독일의 모든 사람이 진정한 독일인이 되게 하지 못했다고 생각하였다. 바그너는 통일된 독일제국에 걸맞은 진정한 독일인을 위한 민족주의적 이념을 부여하고자 하였다. 바그너가 당대에 전하고자 했던 메시지는 그 시대가 요구하고 있었던 독일

10) 베버는 바그너를 작곡가의 길로 이끈 인도자이며 베버의 오페라는 바그너 음악의 원점이다. 그는 독일 그랜드 오페라의 전통을 되살림으로써 당시 로시니로 대표되는 이탈리아 오페라의 위세를 꺾는 데 큰 역할을 하였다. 그의 『마탄의 사수』는 음악적 긴장감과 극적 재미가 녹아있어 완성도가 높다. 그는 악기의 고유한 음색을 강조하여 개성이 살아나도록 하였으며 노래는 관현악의 모티브 선율과 어울리게 작곡하여 인물의 성격이 드러나도록 하였다. 그는 화성을 선율 이상으로 중시했을 뿐만 아니라 성악과 기악을 같은 정도로 중요하게 여겨 이전의 오페라와 다른 양식을 만들었다. 『마탄의 사수』는 이런 특징을 알린 기념비적 작품이었다.

의 전통, 전쟁과 명예로운 죽음, 영웅, 희생 등과 같은 국민적 덕목들이다. 바그너는 독일문화가 프랑스 문화를 수용하고 프로이센 통일과정에서 그 순수성을 상실하였다고 보았다. 따라서 그는 독일 국민이 이러한 음악이나 공연을 통해 독일 고대사를 이해하고 진정한 독일 문화적 전통을 강조함으로써 독일민족의 정체성을 회복하고자 하였다.

바그너는 "음악은 드라마를 위한 수단이다"라는 라는 그의 주장처럼 음악이 한줄 한줄 가사를 추종하는 방식으로 오페라를 개량하여 드라마의 요구대로 그 속에 용해되어 들어가도록 하였다. 그는 작품들 안에서 역동적인 관현악법을 사용하여 갑작스러운 단절과 다양한 파급효과, 즉 주제 내의 분열, 갈라짐의 불협화음의 효과를 내는데 주력하였다. 그의 관현악법은 일종의 깨진 상승 화음과 더불어 종종 저음 금관악기나 저음 현악기가 담당하는 지하에서 일어나는 단층현상 같은 어떤 것, 달리 말하면 깊은 저음 음악에 기초한 바다 같은 차원이있다. 니체는 그의 음악에서 기력을 소진시키는 성질, 즉 우리의 신경과 맞닿는 어떤 신비화를 느꼈다. 그는 바그너를 가리켜 위대한 주술사 또는 마법사이고, 따라서 디오니소스적 명랑함의 대적라고 생각하였다.

니체는 바그너가 창조하는 음악이 타자성에서 자신의 다면적 미광을 슬그머니 강요한다는 점에서 현존의 고통을 감내하는 근원적 일자에 의한 존재를 확인하는 일종의 자유함을 보여준다고 여겼다. 사실상 바그너의 음악은 바그너의 작품 속에 깃들어 있는 민족주의적 성향을 드러내는데, 궁극적으로 독일 민족일반의 비전, 즉 통일적이고 신화적인 민족주의를 복원하는 이데올로기적 작업이기도 하였다. 따라서 그의 종합예술작품론은 극화에 초점을 둔 새로운 배경 연출이었고, 바그너 전 작품에서의 연속성과 불연속성의 원리를 전과는 다르게 표현하기 위한 새로운 음악 연출이었다. 이제 그의 「니벨룽엔의 반지」를 종합예술의 이론을 바탕으로 적극적으로 해석해보려고 한다.

우선 「니벨룽엔의 반지」의 개략적인 흐름을 정리하면 중세 독일의 민중서사시를 바탕으로 하지만 북방 게르만민족의 전래신화, 라인지방에서 발생한 게르만민족의 영웅설화를 주축으로 몇 개의 전설과 이야기, 그리고 시를 참조하면서 바그너 스스로가 대본을 썼다. 그의 작품은 이러한 배경과 연관하여 중세 기사의 사랑과 도덕관념, 바그너가 흔히 다루어 온 여인의 헌신적인 사랑에 의한 구원과 유혹의 양면성 등이 발견된다. 특히 게르만민족의 영웅설화 지그프리트의 전설에서 자유롭게 소재를 택하면서 바그너는 실상 자신이 살고 있던 시대에 대한 자신의 생각을 극화하고 있다. 이를테면 자신을 희생하는 진정한 사랑에 의해서만 전통사회는 몰락하고 완전히 새로운 세계가 도래한다는 의식이 반영되어 있다.

「니벨룽의 반지」에서 바그너는 보탄의 세계가 저지르는 불의는 교정될 수 있는 불행한 실수가 아니라 인간 실존의 불가피한 비극적 차원을 폭로한다. 이 음악극에서 지크프리크는 용감하며 괴력을 지녔고 두려움을 모르는 인물로, 이 음악극의 중심인물이다. 지크프리트에게는 재산과 보물의 독점이나 세계 지배의 욕망이 강하게 부각되지 않는다. 간교한 미메(알베리히의 동생)나 알베리히(니벨룽겐의 난장이)도 그리고 보탄(오딘, 인간의 운명을 좌우하는 신)이 끊임없이 노렸던 황금이나 반지는 그 마력이나 저주도 욕심이 없는 지크프리트에게는 아무런 효력이 나타나지 않는다. 그러나 지크프리트는 지금까지 누구에게도 느끼지 못한 두려움을 브륀힐데를 보는 순간 알게 된다. 사랑에 대한 두려움, 즉 라인의 황금이 갖는 세계 지배의 마력을 가지려면 사랑의 기쁨을 포기해야 한다는 사실이다. 지크프리트의 비극적 죽음은 이미 예고된 결말이었지만 그의 죽음이 사랑의 힘을 누르고 승리를 거두는데 필요한 희생이었다. 브륀힐데의 "웃음띤 죽음" 또한 그녀가 사랑하는 지그프리트에게 자신을 내던지지만 그 순간이야 말로 그녀가 진정한 삶 속으로 되돌아가는 때였다. 바그너는 모든 순수한 인간적인 것 가운데 사랑만이 인간의 마음에 가장 깊고 넓은 힘을 갖는다고 생각하였다. 비록 지그프리트와 브륀힐데가 옛 질서의 희생물로서 죽음을 맞게 되지만, 그들은 그러한 죽음을 통해 새로운 시대의 최초의 대표자들이 된다. 특히 인간의식의 자유에 의한 찬탈이 브륀힐데에 의해 비로소 실현된다.

이때 바그너의 음악은 오케스트라는 무대 장면의 심리적 배경을 밝혀, 라이트모티브의 도움으로 의식과 무의식 속에 스며들게 하면서 의미전달을 가능하게 한다. 「라인의 황금」은 「니벨룽의 반지」라는 대작의 음악적 사상을 전곡의 라이트모티브를 통해 확실히 보여준다. 라인 강 밑바닥을 연상시키는 저음의 5도 동기로 시작하는 「자연 동기」, 「물결 동기」 그리고 성스러운 라인강의 흐름을 찬미하는 「라인의 처녀들 동기」 등을 사용하였다. 세 명의 라인의 처녀, 즉 보글린데, 벨군데 플로스힐데는 라인 강 밑에 있는 황금을 지키는 역할을 맡고 있다. 로게는 니벨룽족의 알베리히가 라인의 처녀들을 유혹하였으나 거절당하고 라인의 황금을 훔쳤으며, 이 라인의 황금만이 아름다운 여자의 사랑보다 더 좋은 것이라고 말한다. 그는 라인의 처녀들이 보탄에게 이 황금을 되찾아 달라고 부탁하였다고 한다. 그리고 이 황금으로 만든 반지는 세계를 지배하는 마력을 가졌음을 가르쳐주자 모두 큰 관심을 갖게 된다.

이처럼 주요 라이트모티브들은 설명적인 이름들이 붙여져 있어 이해를 도와주며 서로서로 밀접하게 연관되어 있어 극과 동기와의 교묘한 결합을 보여준다. 이들 라이트모티브는 이름에서도 알 수 있듯이 단순히 사람이나 사물뿐만 아니라 행위, 감정, 자연 현상에 이르기까지 교묘하게 짜여있다. 예를 들어 사랑이나 운명을 다룰 때는 라이트모티브에 반음계적 기법이 주어진다. 예를 들어 상승 음형은 생명력이나 삶의 기쁨을 강조하고, 하강 음형은 죽음이나 어두운 면을 암시한다. 상승과 하강의 중간을 방황하며 죽음과 삶 사이에 있는 인간의 감정(사랑을 동반한 고뇌나 그리움), 또는 모두가 바라는 것(재산이나 보물이나 반지)을 나타낸다.

특히 바그너가 추구하는 음악은 그 내면에 누구나 평등하게 들을 수 있는, 전체를 융합하는 종합예술작품이다. 가장 두드러진 작업은 스토리를 전개해주는 노래인 레치타티보이다. 이는 기악 선율을 바탕으로 주인공의 감정을 표현하는 아리아(Aria)로 이루어진 정통 오페라에서 벗어나 음악극의 지속적인 연결을 시도한 것이었다. 또한 그의 음악극은 무대배경에 회화적인 요소를 중시한다. 이는 멜로디 조성 방법에서 시와 환상을 담아낸 무한선율의 회화적인 펼침으로 나타난다. 무한선율로 일관하는 반음계주의로 단일성을 꾀하고 주제에 따라 라이트모티브를 적절히 배치하여 통일성을 기하도록 꾸몄다. 이 기법은 극히 짧은 선율로 극의 연속적인 이야기로 그려내는 라이트모티브의 기법과 유사하다.

이런 거대한 편성의 관현악이 성악 선율과 대위법적으로 움직이면서 라이트모티브를 처리하며, 극의 진행을 묘사적 또는 심리적으로 암시한다. 이처럼 관현악의 중요성은 기존의 오페라와는 비교할 수 없을 정도로 커지게 된다. 말하자면 성악과 관현악이 음악적으로 동등한 중요성을 지닌다. 그러므로 바그너가 이 작품을 공연하기 위해 특별히 극장을 지으려 했던 것은 당연하며 자신이 이상적으로 설계한 바이로이트 축제극장에서 초연한 것도 관현악과 성악과의 균형이라는 점에서 볼 때 필연적인 것이었다.

바그너는 혁명시대에 지크프리트에 주목하여. 지크프리트야말로 인간 미래의 이상이며 사회를 구원하고 여러 가지 부정을 분쇄하여 사랑과 정의가 지배하는 새로운 시대를 가져올 수 있다고 생각하였다. 그러나 신화의 세계 속에서는 지크프리트보다 보탄에게 큰 역할이 맡겨지지만 보탄을 사건의 중심 인물로 만들지 않고 나그네로 등장시켜 사건의 방관자로 설정하였다. 또한 모든 사건은 보탄의 세계 지배의 야망 때문에 일어나게 된다. 비극의 근간은 야심을 가진 운명의 지배자인 보탄에게 있는 것이다. 그리하여 칼이 가져오는 비극도 설명하며 여성도 사랑과 죽음에 의한 구원으로 인간성을 부여하여 신의 사회와 인간의 사회가 확실히 구별된다. 그리고 어떤 신도 이 극 안에서 생존하거나 존속할 수 없는 것으로 만든다. 이 점에서 바그너와 니체의 의견이 달라져 니체가 바그너로부터 멀어진 원인이 된다.

니체는 지크프리트의 출현이야 말로 옛 신들에게 반항하는 독일 민족을 위한 새로운 신으로 기대하고 싶은 인물이었다. 그러나 지크프리트는 인간으로서 살해당하고 만다. 여기에서 니체는 스스로 신을 구하기 위해 「차라투스트라」의 세계로 들어간다. 이는 주로 신화적이거나 서사적이라 볼 수 있는 극적 발화를 수반하지만, 극적이거나 서사적인 함의가 전혀 없는 비서술적이고 내적인 음악이 전개부로 기능하기도 한다.

니체는 『바이로이트의 바그너』(1874) 제4장에서 독일의 새로운 신화를 다루는 낭만적 문학과 철학의 바탕을 이루는 주제에 관해 기술하였다. 「파르지팔(Parsifal)」은 「트리스탄과 이졸데」와 「니벨룽엔의 반지」 이후에 바그너가 만년에 가지고 있던 철학관과 종교관을 보여주고 있다. 다시 말해 옛 전설을 중심으로 기독교 정신을 접목시킨 것인데. 거기에는 카톨릭의 「성배 수호의 성찬」, 프로테스탄트의 「성 금요일의 기적」 등의 신앙이 기초가 되어 있다. 또한 더러움을 모르고 세속적인 욕망이나 인간적인 정욕도 모르며 단지 사랑과 동정만을 느끼는 파르지팔이 인간의 구제를 고양시킨다는, 어떤 면에서는 기독교적이지만 불교의 열반 사상이나 동양의 염세 사상도 담고 있는 작품이다. 뿐만 아니라 윤회설, 동물 숭배 등의 인도 사상도 엿볼 수 있으며, 여성의 구제적 측면과 유혹의 측면도 쿤드리라는 이중인격의 우화적 여성으로 그려내고 있다. 이렇게 바그너의 음악극은 독일 낭만주의를 종교적이면서도 새로운 이상적 공동체를 추구하는 민족주의로 탈바꿈시켰다. 바그너의 마지막 오페라로 구원의 속성이 가장 잘 드러나는 「파르지팔」이 주는 메시지는 순화된 새로운 공동체에 대한 종교성이 짙은 소명(召命)이다. 여기서 니체는 음악 자체에 대한 논의보다는 바그너가 취하는 철학적 입장에서 음악을 평가하였다. 그러한 평가는 당시 기독교에 대한 적대감과 모든 가치 전도라는 목표로부터 나온 판단이었다.

니체가 말하는 아폴론적 예술의 진정한 의도가 불협화음을 가진 고유한 본질을 아름다운 베일로 은폐하여 만들어 낸 가상의 세계라면 디오니소스적 예술은 개별화의 원리의 파괴를 통해 모순을 드러내는 자신의 본분을 충실히 행한다. 개별화의 원리가 깨질 때 인간은 두려움과 동시에 황홀감을 느낀다. 이렇게 두려움으로 가득 찬 삶과 세계를 드러내는 것이 그리스 비극이 주는 미적 체험의 효과이다. 그러나 니체는 바그너의 오페라에서 등장하는 구원자가 결국 초월적 존재의 대변자라고 여겼다. 신과 같은 초월적 존재를 부정하고 현세의 삶을 중시하던 니체에게 기적적인 구원을 갈망하는 바그너의 작품은 탐탁지 않았다. 결국, 니체는 바그너의 작품을 대중들의 마음을 사로잡는 교묘한 선전술이라고 선언하기에 이른다. 바그너를 두고 게르만적 이상을 표현하는 가장 완전한 음악가로 칭송하던 니체가 훗날 바그너의 가장 극렬한 비판자로 입장을 선회하게 되었다.

바그너에 대한 비판서가 바로 『바그너의 경우』이다. 그러나 니체는 자신의 바그너 비판이 바그너 개인에 대한 공격이 아님을 밝히고 있다. 철학자의 사명은 자신의 시대를 극복하는 것이고 그러려면 그는 자신의 시대를 가장 잘 알아야만 한다. 니체가 주목했던 문제는 당시 유럽의 데카당스였다. 바그너는 이른바 데카당의 결정판이므로 철학자인 니체는 바그너를 비판함으로써 자신의 과제를 제대로 수행할 수 있었다. 니체는 쇼펜하우어의 철학과 바그너의 세계관이 자신의 비극적 사유에 대한 실마리가 되었음을 부인하지 않았다. 다만 쇼펜하우어와 바그너가 삶의 빈곤으로부터 궁핍한 삶을 위로하기 위한 음악을 추구하였다면, 니체는 삶의 넘침으로부터 고통받는 자를 위한 디오니소스적 음악을 추구하였다. 이것이 니체가 초기 사상에서 그들의 견해를 지지했다가 후에 자신의 견해를 바꾸게 된 이유이다.

III

키타라와 아울로스 음악에 담긴 비극적 사유

1. 음악의 어원

고대 음악은 현대의 음악인 음예술과 문학이라 일컫는 시예술 모두를 포함한다. 현대 음악은 단순히 테크네(techē)의 의미로 사용되면서 그 의미가 구성적 예술로 축소되었다. 니체가 음악 정신이라 칭한 음악은 현대 음악과는 다른 의미의 음악으로, 음 예술, 시 예술 그리고 춤 예술까지 포괄하는 무사이(Μοῦσαι, muses)의 여러 예술로서 이해해야 한다. 따라서 니체가 의미하는 음악은 무지케[1]에 가까웠다. 타타르키비츠(W. Tatarkiewicz)가 일컫는 표출적 예술에는 무용, 음악, 시가 있으며, 지엘린스키(Tadeusz Zielinski)는 춤 · 음악 · 시(노래)의 통일체를 삼위일체 코레이아(Choreia)로서의 무지케(Mousike)로 이름 붙였다. 코레이아라는 것은 코러스[2]에서 유래된 말로 '노래와 춤의 통일체'를 의미한다. 이러한 예술은 인간의 감정과 충동을 언어와 제스처, 멜로디와 리듬으로 표현한다. 그리고 인간의 감정과 충동을 표현하는 예술은 사람들에게 위안과 만족을 가져다줄 수 있다. 이렇게 감정을 어루만져주고 위로해주는 예술이 현대적 의미로 영혼의 정화, 즉 카타르시스이다.

삼위일체 코레이아에서 중요한 역할을 맡은 힘은 테크네처럼 규칙이나 이론적 지식이 아니라, 신비적인 힘 혹은 영감(enthusiamus)[3]이다. 그 힘은

---

1) 음악의 어원인 뮤직(Music)은 그리스어인 무지케(Musike)에서 나온 말로써 그리스 신화에 나오는 여신, 뮤즈(Muse, Moῦσα)를 뜻한다. 뮤즈는 모든 학문과 예술을 관장하는 아홉 여신 중 하나이다. 무지케는 뮤즈 들(Moῦσαι)이 관장하는 전체 영역을 의미한다. 그러므로 그리스인들에게 음악이라는 개념은 미나 진리를 추구하는 행위로 예술 일반을 의미한다.

2) 코러스(Chor(獨), chorus(英) 합창 또는 합창단(韓))는 비극의 유래가 디오니소스 축제에서 합창으로 불리던 디티람보스로부터 유래하기 때문에 중요하다. 연주자들과 15명으로 구성된 합창단은 청중과 무대 사이의 반원형 공간에서 위치한다. 합창단은 비극에서 서사 노래에 이어 정립가를 부르고 마지막으로 종막 노래를 부른다. 대개 합창곡은 춤과 함께 불렸다. 코러스를 글의 문맥상 의미를 고려하여 합창 또는 합창단으로 사용하였다.

3) 영감(enthusiamus)이라는 단어가 최초로 등장하는 곳은 「이온」이다. 플라톤은 인간의 이성적 지식에

보통 인간의 힘을 초월한 것이며, 그것을 전수한 존재가 무사이다. 그러므로 삼위일체 코레이아는 무사이에 관한 의미로 무지케라 불린다. 이렇게 음악은 음악 나름대로 독자적인 형성 원리와 특성을 가지면서 조형 예술이나 문예 · 무용 등과 함께 예술이라는 하나의 통합된 전체를 형성하는 공통점을 가지고 있다. 무용 · 음악 · 시의 융합체인 무지케는 구성적 예술인 테크네와 다르다. 그리스 사람들은 구성적 예술인 테크네보다는 표출적 예술인 무지케 만을 창조 또는 창조행위와 연결하였다.

1.1. 무지케와 테크네

음악의 어원인 무지케(μουσική, mousikē)는 아폴론을 모시는 여신(Mousai)에서 유래하였다. 무지케는 '무사이적인'[4], 표출적 예술을 의미한다. 이때 무사이는 제우스와 므네모시네와의 아홉 밤에 걸친 사랑으로 탄생한 자매들로 각기 의미 있는 이름으로 각각 일정한 역할을 맡고 있다. 무지케라는 것은 이 9명의 여신이 주관하는 직능이었다. 나아가서 이 무사이에 의해 인도된 인간의 행동 전체를 가리키는 것이었다.[5] 트라케 지방에 있는 무사이와 보이오티아 지방의 헬리콘산에 살았다는 두 부류의 무사이 중 아폴론과 함께 음악 활동을 한 무사이는 후자의 무리로서, 아폴론은 히포크

근거를 두는 테크네와 신적인 힘의 소산인 영감을 구분한다. 플라톤은 "영감에 사로잡힌 시인은 차분한 이성을 잃게 되며 이성을 지닌 상태에서는 시를 짓거나 예언을 할 수 없다." 라고 말함으로써 시인의 능력이 인간의 이성으로는 헤아릴 수 없는 신적인 힘에서 기원한다고 논증한다.

4) 타타르키비치는 고대 그리스의 예술의 종류를 구성적 예술(constructive art)과 표출적 예술(expressive art)로 구분한다. 구성적 예술은 건축 · 조각 · 회화를 구성하는 삼자의 통일체였다. 구성적 예술은 테크네(τέχνη)의 개념을 포함한다. 테크네는 넓은 의미로 기술로서 術과 技 전반을 지칭하는 말이다. 더 나아가 인간의 합목적적 제작 활동에는 규칙 · 법칙 그리고 이론적 지식이 따랐기 때문에 학문 · 지식이라는 의미도 있다.

5) 첫째 클레이오(Kleio, 명성)는 역사를, 둘째 우라니아(Urania, 하늘)는 천문학을, 셋째 멜포메네(Melpomene, 노래)는 비극을, 넷째 탈리아(Thalia, 축제)는 희극을, 다섯째 테르프시코레(Terpsichore, 춤의 기쁨)는 합창과 춤을, 여섯째 폴리힘니아(Polyhymnia, 많은 노래)는 찬가를, 일곱째 에라토(Erato, 사랑스러움)는 연애시를, 여덟째 에우테르페(Euterpe, 기쁨)는 서정시를, 아홉째로서 오르페우스의 어머니인 칼리오페(Kalliope, 아름다운 목소리)는 서사시와 현악기를 담당하였다.

레네 샘터에서 그녀들의 노래를 지휘했다고 한다. 이들 무사이들의 입에서는 사랑스러운 노래가 저절로 흘러나오며, 그들은 달콤한 선율로 만물의 법칙과 고귀한 신들의 존재를 찬양하였다.

뮤즈 신들(the Muses)이 관장했던 시, 문학, 음악, 춤 등과 같은 모든 예술뿐만 아니라 천문학, 철학, 역사까지 가리키는 말이었다. 이처럼 음악의 어원적 측면에서 고찰해 볼 때, 고대 그리스에서의 음악은 모든 예술과 학문의 기초 기능을 수행했던 것으로 파악된다. 그러한 이유로 인해 음악은 각종 경기나 축제 때에는 말할 것도 없고 신전의식 때마다 그 중심에 있었다.

그리스인들에게 무지케는 행위나 활동으로 존재하기 때문에 인간의 감성과 본능 속 깊이 뿌리내리고 있다. 이는 더욱이 가사(logos)에 관련하여 인간의 윤리적인 차원에 작용하는 힘이다. 즉 무지케는 인간의 에토스(ēthos)[6]에 작용하여 그것을 도야하는 힘, 인간의 정신적 선도의 총체, 그리하여 인간의 전인간적인 것을 규정하는 힘, 파이데이아의 힘이다. 그러므로 그리스인들에게 무지케는 교육적 차원에서도 극히 중요한 의미였다.

1.2. 미메시스와 포이에시스

오랫동안 그리고 광범위하게 예술사에 영향을 끼쳤던 예술이론은 모방이론이다. 모방의 어원은 미메시스(Mimesis)로 이 용어는 나타내 '보이는 것', '묘사하는 것', '재현하는 것', '모방하는 것', 그리고 '표현하는 것' 등의 뜻을 가졌다. 그러나 이 용어가 라틴어 imitatio(모방, 영어 imitation, 독어 Nachahmung)로 번역되면서, 원래의 광범위한 의미는 점차 축소되고 결국 원본에 가까

---

6) 에토스는 어원적으로 에토스(ἔθος, ethos: 습성)와 에토스(ἦθος, ēthos: 성품) 두 가지 의미가 있다. 플라톤의 선법에서 모방한 것은 에토스(ēthos)이다. 플라톤의 에토스는 4음 음계(Tetrachord), 선법(Mode), 리듬, 노래 등이 각각의 양식 및 악기가 갖는 특정의 효과는 인간의 도덕적 성품에 영향을 미치는 고유한 능력을 뜻한다.

운 모상을 재생산하는 것 정도로 이해되었다. 아리스티데스(Aristeides)는 이러한 초기의 표출적 예술을 '미메시스(mimesis)'[7]라고 불렀다. 이는 제의의 집행자들의 흉내술과 제의춤을 의미하는 것으로 디오니소스 숭배의식과 관련해서 처음 등장한다. 니체가 말하는 디오니소스적 음악도 이처럼 디오니소스와 연관된 숭배의식이나 제의와 관련되어 있다. 그런데 아폴론 찬가와 핀다로스에서 미메시스는 춤을 의미한다. 하지만 이러한 개념사가 아닌 창조사적 측면에서 볼 때 모방개념에도 포이에시스(poiesis)라는 의미가 내재되어 있다. 이 용어는 그리스어 poiein에 어원을 두고 있으며, 인간의 힘으로 무엇인가를 만든다는 의미가 있다. 즉 모방개념은 '사실과 같이', 사실과 유사하게' 등 '인간이 무엇인가를 창조적으로 만든다', '생산한다'는 뜻을 포함하고 있다.

아리스토텔레스에 따르면 인간을 진리(aletheia)로 이끌어주는 인간 삶의 양식에는 세 가지가 있는데 그것은 테오리아(theoria), 프락시스(praxis), 그리고 포이에시스(poiesis)이다. 각각 사유, 실천, 제작행위로 번역된다. 이 세 가지 존재 양식을 구별 짓는 근거는 목표라고 알려져 있으며, 테오리아의 목표는 진리를 이해하는 것이고, 프락시스는 잘 행하는 것, 즉 정치적 윤리적으로 선한 삶을 의미하며, 그 자체가 목표이다. 포이에시스는 사물을 생산 혹은 만드는 행위로써 물건을 만들어내는 것을 목표로 한다. 그런데 그 목표와 대상에 있어서 흔히 포이에시스는 테오리아나 프락시스에 비해 열등한 것으로 간주한다. 진리에 대한 인식을 뜻하는 테오리아와 비교

---

7) 모방(mimesis)의 현대적 의미는 연극, 회화, 조각 등 예술을 통해 실재의 재현을 의미하지만, 초기 그리스 문화에서는 다른 의미로 사용되었다. 그리스에서 모방은 "사제가 행하는 숭배행위, 즉 무용, 음악, 노래 등" 을 의미하였다. 그 당시 모방은 무용, 흉내 내기, 음악 등에 적용되어 -외면적 실재를 재생산한다는 의미가 아니라 내면적 실재를 표현한다는 의미이다. 그러나 이 개념이 라틴어 'imitation'으로 번역되면서 원래의 의미는 거의 사라지고, 외면세계의 '재생' 을 지칭하게 되었다. 기원전 5세기에 모방은 숭배의 차원에서 철학적 용어로 변용되었고, 이러한 철학적, 이론적 측면에서 모방이론은 플라톤과 아리스토텔레스에 의해 전개되었다. 일반적으로 모방은 먼저 다른 예술가의 제작을 모범으로 하여 그것과 같은 방법으로 제작하는 고전적 예술의 모방과 현실의 존재자를 따라서 그것과 같은 것을 제작하는 자연 모방이 있다.

하여 프락시스와 포이에시스는 실천적 행위의 범주에서 같이 논의된다. 그러나 똑같이 실천적 행위라고 해도, 프락시스는 인간의 정치적 윤리적 실천에 관련된 행위로서 그것을 통해 다른 무엇을 얻고자 하는 것이 아니라 선하게 행동하는 것 자체에 목적을 둔 행위인 것이다. 반면에 포이에시스는 행위 그 자체가 아니라 행위를 통해 만들어지는 결과물이 최종적인 목적을 갖는 것으로 설명된다.

그러므로 타타르키비츠는 포이에시스를 단지 생존을 위한 소비물을 생산하고 제작하는 활동으로만 규정하는 것은 생산이나 제작의 의미가 도구적이며 수단적인 행위로만 남아 원래의 근원적인 의미를 축소되는 것이라고 보았다. 하이데거(M. Heidegger)에 따르면 플라톤 시대에 이르기까지 그리스적 사유에서 포이에시스란 단순한 제작행위가 아니라, 없었던 것을 있게 만드는 것으로, 비존재를 존재하는 것으로 끌어내는 모든 활동이었다. 플라톤은 『이온』에서 포이에시스를 다음과 같이 정의한다.

> 어떤 것을 그 자리에 없던 상태에서 그 자리에 있으므로 넘어가게 만드는 모든 것은 포이에시스, 즉 밖으로 끌어내어 앞으로 내어놓음이다.

여기서 포이에시스는 단지 물건을 만드는 일뿐만 아니라 예술적 시적인 작품의 창조에서부터 가장 근원적이고 넓은 의미에서의 산출, 즉 자연의 생성까지 포함한다.

> 자연, 즉 스스로 안에서부터 솟아오름 역시 하나의 밖으로 끌어내어 앞에 내어놓음, 즉 포이에시스이다. 그뿐 아니라 자연은 가장 높은 의미의 포이에시스이다.

또한 아리스토텔레스에 따르면 예술은 자연이 직접 보여주는 것과 자연이 끝내지 못한 것을 모방하는 능력이 있어, 자연을 그대로 모방하기도 하지만 자연이 실행하지 못하고 남겨둔 것을 모방하기도 한다. 그러므로 예술에서 자연의 모방이란 실존하는 자연의 단순한 모방을 넘어서 아직 실존하지 않지만, 실존 가능성이 있는 자연현상의 모방을 포함한다. 따라서 그에게 예술은 단순한 모방을 넘어 포이에시스적 즉 창조적 가능성을 내포하고 있다. 그리스인들에게 포이에시스의 의미는 그리스인들 고유의 언어에 상응하는 영혼의 힘 바로 구성적 예술을 넘어 무지케와 연관된다. 게오르기아데스에 따르면 창조적 의미에서 무지케는 인간의 본성, 즉 신적 근원에 더 강하게 결부되어 있는데 반해 포이에시스는 인간적 실행에 더 많이 관련되어 있다. 따라서 무지케는 언어의 한 측면, 즉 언어에 존재론적 힘을 부여하는 작용, 언어의 음악적 요소를 나타내 주는 말이고, 포이에시스는 언어에 대한 예술적 의미와 관련된 개념이라 할 수 있다.

이처럼 니체의 비극적 사유의 기초가 되는 음악정신이 고대에 음악의 어원상 위와 같이 무지케와 포이에시스로 그 기능을 수행할 수 있었던 것은 다음과 같은 두 가지 이유 때문이었다. 첫째는 고대인들이 음악의 내용인 소리를 신령이나 영적 존재로 인식하였기 때문이었다. 소리는 분명 그것이 존재하지만, 그것은 손으로 잡을 수도 없고 눈으로 볼 수도 없는 존재이다. 그래서 소리는 과학적 사고가 발달하지 않은 원시인들에게 신이나 영적 존재로 인식되었을 것이다. 그 결과 소리는 제사 때나 신전의식 때 사자(死者)와 생자(生者) 간의 매개체로서 사용되었다. 둘째는 음악의 형식이 멜로디(선율), 리듬(박자), 하모니(화음) 등으로 이루어지는데, 그것들 또한 인간들에 의해서 만들어진 것들이 아니라 신이나 자연에 의해 만들어진 법칙으로 인식되었기 때문이다. 예컨대, 멜로디는 바람 소리나 파도 소리 등으로부터 리듬은 빗방울 소리, 인간의 맥박 뛰는 소리 등에게서 나온 것들로 인식하였다. 또 하모니의 경우는 인간이 한 옥타브 가령 완전 8도,

완전 5도, 완전 4도 등과 같은 화음의 음정들을 만든 것이 아니라, 신이나 자연이 그것들을 만들어 놓았다는 태도를 보였다.

니체는 고대 그리스 음악의 정수인 그리스의 비극작품들 속에서 인간의 삶을 포함한 세계의 무한한 환희와 긍정을 보았다. 그는 현재 삶의 불협화음을 화합으로 이끌어 진정한 삶의 가치를 부여할 수 있는 구원(Erlösung)의 궁극적인 원천이 필요하다고 생각하였다. 그는 존재의 본질로서 삶의 원초적 고통과 모순으로 몸부림치는 근원적 일자(das Ur-Eine)를 통해 바로 고대 그리스 비극이 말하는 디오니소스적인 것을 되살리고 싶었다. 여기서 구체적으로 디오니소스적인 것과 아폴론적인 것의 대조를 보여주는 음악은 고대 악기 키타라와 아울로스로부터 그 유래를 찾아볼 수 있다. 키타라는 그리스 신화에서 등장하는 현악기로 태양의 신 아폴론의 빛과 이성을 상징하는 악기이며 아울로스는 관악기로 술의 신 디오니소스의 어둠과 광란을 상징하는 악기였다.

2. 키타라 음악과 아울로스 음악

고대 그리스 음악에 관련한 많은 이야기가 그리스 신화와 연관되어 전해진다. 아울로스 음악과 키타라음악의 그리스 신 중 최고 지배자인 제우스의 아들인 아폴론과 디오니소스가 있다. 아폴론은 빛과 진리와 음악과 시의 신으로 9명의 뮤즈들을 관장한다. 아폴론은 현악기 리라와 키타라를 연주하는데 그가 연주하는 곡은 빛과 같이 밝고 아름답고 정리된 음악이었다. 디오니소스는 춤과 연극과 포도주의 신으로 많은 화병의 그림에서 취한 채 춤을 주고 있는 모습으로 나타난다. 디오니소스는 관악기 아울로스를 연주하는데, 그가 연주하는 곡은 관능적이며 몰아적이고 도취적이었다. 따라서 키타라는 그리스 신화에서 태양의 신 아폴론의 빛과 이성을 상징하는 악기로 이지적이었다. 그리고 아울로스는 술의 신인 디오니소스의 어둠과 광란을 상징하는 악기로 감성적이었다. 이제 니체의 디오니소스적인 것과 아폴론적인 것의 대조를 보여주는 고대 악기는 키타라(kithara)[8]와 아울로스(aulos)[9]이다.

키타라와 아울로스[10]의 기원은 호메로스, 플루타르코스(Plutarch)의 여러 기록에서 찾아볼 수 있다.[11] 고대인들은 힘든 일을 하거나 춤을 추고 싶

---

8) 고대 그리스의 대표적인 발현악기인 키타라는 U자 모양의 나무로 된 공명통에 세로로 줄을 친 악기이다. 이를 왼쪽 가슴에 안고 오른쪽 손가락이나 상아로 된 픽으로 연주한다. 키타라는 리라에서 발전된 것으로 악기 구조가 튼튼하며 야외행진에도 견디고 음향도 커서 매우 실용적이었다. 그리고 현의 수에 따라 트리콜드(3현) · 테트라콜드(4현) · 헵타콜드(5현) · 헥사콜드(6현) 등으로 불렸다. 고대 그리스의 발현악기. 리라와 비슷하나 더욱 진보된 구조이며, 모양도 크다. 나무로 만든 공명통과 2개의 구부러진 팔 및 횡목으로 이루어졌으며, 현의 수는 5줄, 7줄, 11줄로 늘어났다. 이들 현은 횡목과 몸통의 사이에 매고, 지판은 없으나 현의 아래 끝을 손가락으로 눌러서 1/4음, 1/2음, 1음 올릴 수 있으며, 이 때문에 그리스의 기악 기보법은 독특한 체계를 가지게 되었다. 키타라는 아폴론의 악기로서, 조화, 절도라고 하는 그리스의 이상을 나타내며, 디오니소스의 악기로서 정서를 나타내는 아울로스와 좋은 대조를 이룬다. 기타(Guitar), 치터(Zither) 등의 어원은 이 키타라에서 유래한 것이다.

9) 고대 그리스에서는 기원전 4000년경 이미 수준 높은 음악이 있었는데 하프(Harp), 플루트(flute)류의 타악기들이 사용되었다. 기원전 3000년경 이집트의 부조에 등장하는 아울로스는 그리스의 주된 악기로서 일종의 관악기였다. 고대 그리스 문헌과 문학에서 아울로스는 그리스 필레포네스의 전래 설화에 등장했고, 트로이 시대 예배용 악기로도 사용되었다. 그 외에도 뮤즈, 여사수들의 노래에서도 언급되고 결혼예식, 신혼부부의 선물로 자주 등장한다.

10) 고대 그리스의 대표적인 발현악기로서 U자 모양의 나무로 된 공명통에 세로로 줄을 친 악기로, 왼쪽 가슴에 안고 오른손 손가락이나 상아로 된 픽으로 연주한다. 키타라는 리라에서 발전된 것으로 악기 구조가 튼튼하며 야외행진에도 견디고 음향도 커서 매우 실용적이었다. 그리고 현의 수에 따라 트리콜드(3현) · 테트라콜드(4현) · 헵타콜드(5현) · 헥사콜드(6현) 등으로 불렸다. 고대 그리스의 발현악기. 리라와 비슷하나 더욱 진보된 구조이며, 모양도 크다. 나무로 만든 공명통과 2개의 구부러진 팔 및 횡목으로 이루어졌으며, 현의 수는 5줄, 7줄, 11줄로 늘어났다. 이들 현은 횡목과 몸통의 사이에 매고, 지판은 없으나 현의 아래 끝을 손가락으로 눌러서 1/4음, 1/2음, 1음 올릴 수 있으며, 이 때문에 그리스의 기악 기보법은 독특한 체계를 가지게 된 것이다. 키타라는 아폴론의 악기로서, 조화, 절도라고 하는 그리스의 이상을 나타내며, 디오니소스의 악기로서 정서를 나타내는 아울로스와 좋은 대조를 이룬다. 기타(Guitar), 치터(Zither) 등의 어원은 이 키타라에서 유래한 것이다.

11) 고대 그리스에서는 기원전 4000년경 이미 수준 높은 음악이 있었는데 하프(Harp), 플루트(flute)류의 타악기들이 사용되었다. 기원전 3000년경 이집트의 부조에 등장하는 아울로스는 그리스의 주된 악기로서 일종의 관악기였다. 고대 그리스 문헌과 문학에 언급된 아울로스는 그리스 펠레포네스 전래 설화에 등장했고, 트로이 시대 예배용 악기로도 사용되었다. 그 외에도 뮤즈, 여사수들의 노래에서도 언급되고 결혼예식, 신혼부부의 선물로 자주 등장하였다. 델로스의 아폴론 상의 왼손에도 카리테스 삼미신들이 악기를 들고 있는 악기로도 그 상징하는 바가 크다. 이들 악기는 또한 이들의 신들을 상징한다.

을 때도 이들 악기를 이용하여 곡을 연주하였다. 이들 음악은 기원전 6세기부터 기원전 4세기까지 스파르타나 아테네 등의 도시국가를 중심으로 종교나 제의, 축제나 오락, 때로는 전쟁에 주로 사용되었다. 고대 전투 시 크레타를 비롯한 여러 지역에서 전쟁곡을 연주하는 악기로서 관습적으로 아울로스와 키타라를 사용했다고 한다. 이는 음악에 맞춰 진군할 때나 전투를 준비할 때 군인들에게 사기를 충천하기 위한 음악이었다. 특히 아울로스는 단결내지 일사불란한 음색의 전투용 악기로서 심리적 안정, 신께 대한 전승 기원, 사기 양양, 공격 신호 등의 기능과 아울러 아시아지역에서는 장송곡 반주악기로 사용되었다. 이어 아울로스는 장송곡 반주악기로서 고대 크레타에서 그리스로 전래되었다.

소포클레스에 의하면 현악기는 장송곡의 연주에 부적합하다고 보았다. 키타라는 아폴론 축제에 쓰이던 낭랑한 음색의 현악기로 이는 순수미와 균형미를 특징으로 하는 고전주의로 이어졌다. 아울로스는 디오니소스 축제에서 사용되었던 다소 선정적인 음색의 관악기로 이는 열정과 황홀의 감성미를 특징으로 하는 낭만주의 음악으로 이어졌다. 아울로스는 그리스인들이 동방으로부터 들여온 관악기로 풀루트와 비슷하였다. 초기에는 주로 노래 반주악기로 사용되었으나 기원전 6세기경부터 독립된 독주용 악기로 사용되었다.

플라톤의 『향연』에서 알키비아데스(Alcibiades)는 사티로스인 마르시아스(Marcyas)가 옛날에 아울로스 연주 하나로 청중들을 황홀경에 빠뜨렸는데 지금도 아울로스 선율이 똑같은 효과를 가지고 있다고 하였다. 아울로스는 연주에 능숙한 마르시아스와 같은 연주자가 아니더라도 미숙한 연주자가 아울로스를 불어도 청중들을 끌어당길 수 있었다. 아울로스 음악은 인간의 혼을 불어넣는 신성한 것이기 때문에 어떠한 아울로스 선율이라도 청중의 마음을 사로잡는 데 충분하였다. 알키비아데스는 그의 스승 소크라테스이 마르시아스처럼 악기를 연주하지 않았지만 그의 산문만으로도 청중들에게 감동을 주고 황홀경에 빠뜨린다고 극찬하였다. 플라톤도 『미노스』에서 아울로스 음악에 대해 "경이롭다!" 라고 표현하였는데, 이는 아울로스 음악이 신성한 것임을 의미한다. 아울로스는 이처럼 인간의 내면에 흐르는 처절한 감정을 재현하기 위해 만들어졌기 때문에, 디오니소스의 축제에서 황홀하고 격정적인 분위기를 고양하는 데 사용되었다. 이러한 감각적인 아울로스는 춤을 출 때나 극적인 합창을 노래할 때 또는 군대에서 훈련할 때나 진군할 때 반주로 널리 사용되었다.

2.1. 키타라의 음악적 기원과 특징

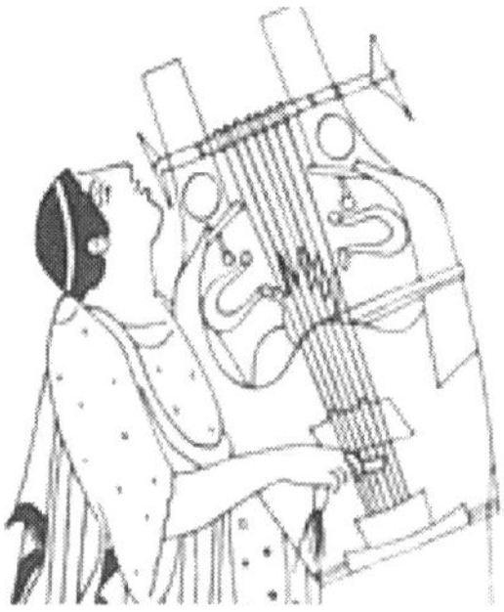

그림 3 키타라[12)]

Abb. 39: Drei kitharaspielende Satyrn

그림 4 키타라를 켜는 사티로스 [13)]

키타라(Kithara)는 고대 그리스의 발현악기이다. 키타라는 균형과 조화를 중요시하는 음악과 시의 신 아폴론에게 가장 적합한 악기로 아폴론 축제에서 최고의 지위를 차지하였다. 아울로스가 디오니소스 신에 적합한 황

---

12) 미헬스, 울리히, 『음악은이』, 홍정수, 조선우 편, 서울 음악춘추사, 2002, 174쪽.

13) Vogel Martin, *Apollinisch und Dionysisch: Geschichte enies genialen Inrrtums*, Gustav Bosse Verlag Regensberg, 1966. 431쪽.

홀 · 정열 · 광란을 상징하는 감각적인 면을 대표하는 악기라고 한다면, 키타라는 냉정한 지적인 면을 대표하는 악기였다. 키타라는 리라와 흡사하지만 리라보다 더 크고 발전된 악기였다. 목제의 공명통에는 2개의 팔이 있고 팔과 팔 사이에 가로막대를 붙여 공명통과 가로막대 사이에 현을 매었다. 현의 수는 5줄(기원전 8세기), 7줄(기원전 7세기), 11줄(기원전 5세기)로 늘어났다. 주법은 현의 하단을 손가락으로 눌러 1/4음, 1/2음, 1음을 올릴 수가 있었다. 한편 키타라는 후세의 현악기인 기타나 치터의 어원이 되었다.

키타라의 음악적 기원은 아울로스의 발상지였던 레스보스섬이었다. 키타라 음악은 그곳에서 그리스 각 지방으로 전파되었다. 테르판드로스(Terpander)[14]는 예술적 관점에서 키타라 음악을 정립한 창시자이며 지도자였다. 테르판드로스는 아리온(Arion)[15]과 함께 키타라 음악을 꽃피웠다. 레스보스 시인들을 본받았던 이오니아 시인 아나크레온(Anakreon)[16]은 자신의 권주가와 연가에 리라 반주를 사용하였다. 레스보스 인들은 키타라와 리라뿐 아니라 바르비토스(barbitos, barbiton)나 다현의 '솨솨' 소리가 나는 펙티스(Pektis)도 사용하였다.

최초 형태의 키타라는 거북이의 등딱지에 가죽을 덮고 V자 형태의 나무를 달고 요크(yoke)라 불리는 횡목을 붙인 다음에 현을 팽팽히 잡아당겨서 제작되었다. 현대의 기타는 리라의 일종이었던 고대 그리스의 악기인 키타라에서 그 이름이 유래된다. 그러나 가장 오래된 기타의 원조는 고대

---

14) 기원전 647년경 소아시아의 레스보스섬에서 활동한 그리스의 시인 · 음악가. 리라와 비슷하게 생긴 7현 악기인 키타라로 반주하며 노래하는 가수로 유명했는데, 키타라는 그가 발명한 것이라고 한다. '기타' 라는 말은 '키타라' 에서 유래한 것이다. 키타라는 음악의 발전에 중요한 역할을 했으며, 스파르타에서 열린 제26차 올림피아 경기(BC 676/672)에서 음악상을 받은 것으로 전해진다.

15) 아리온(Arion)은 그리스 신화에 나오는 레스보스 출신의 음유 시인이다. 아리온은 레스보스섬의 메팀나 출신이지만 코린토스의 참주 페리안드로스의 궁에서 음악가로 생의 대부분을 보낸 거의 역사적인 인물이다. 아리온은 디오니소스 숭배의식의 일부로 시행되었던 디티람보스(디오니소스를 찬양하는 합창단)의 형식을 완성하여 장차 비극이 발전하는 계기를 마련하였다.

16) 아나크레온(Anakreon, BC 570~BC 480)은 고대 그리스의 서정시인이다. 이곳저곳의 궁정에 드나들면서 술과 사랑을 노래하는 시를 지으며 살았다. 술과 사랑을 주제로 한 그의 향락적 시풍이 후에 '아나크레온풍(風) Anacreontea' 을 유행시켰다.

류트(lute), 즉 판도라이다. 고대에는 하프, 리라, 류트의 세 종류의 현악기가 있었으며 이들은 모두 활 모양의 악기로부터 발달한 것이다. 이 악기들의 그림은 서아시아, 특히 메소포타미아 왕국의 예술작품에 처음으로 나타난다.

키타리스와 키타라의 구분은 그리스 꽃병의 그림을 보면 분명하다. 키타리스는 섬세하고도 굽은 팔을 가진 가벼운 악기인 데 반하여, 키타라는 U자 형태에 무거운 공명상자를 가지고 있어 혼자 설 수 있으며 음량이 키타리스보다 풍부하다. 키타라는 더 큰 음을 원하는 전문음악가에 의해 소아시아로부터 수입된 것이었다. 한편, 새로운 키타라와 기존의 키타리스 간에 혼동을 피하고자 키타리스라는 이름이 없어지고 리라가 되었다.

7현의 키타라는 수천 년 동안 그리스와 로마의 종교축제나 운동경기에서 주된 악기로 사용되었다. 그러는 동안에 악기는 조금씩 변화하였다. 네로 황제가 키타라 연주가로서의 자신을 과시하였다는 것이 대리석으로 된 조각에 적혀 있는 '네로 키타로이두스(Nero Citharoedus)'라는 구절로 확인할 수 있다. 키타라는 처음에 3, 4현이었으나 곧 7현의 제 모습을 갖추었으며 그 후에도 계속 현의 수가 늘어났다.

냉정하고 합리적인 인상을 주는 아폴론이 주관하는 종교축제에는 키타라나 리라 등과 같은 현악기가 주로 사용되었다. 현악기는 선들 간의 수학적 비율에 따라 조화로운 소리를 낸다. 그리하여 피타고라스학파는 기하학과 산술학 및 음악을 통해 이성적 능력을 훈련하려 하였다. 아폴론은 춤과 노래, 영웅서사시 등 학문과 예술의 다양한 영역을 관장하는 9명의 무사를 이끄는 무사게테스(Mousagetes)라 불렸다. 아테네 신화에 의하면 테세우스는 크레타섬의 미노스왕의 미궁에서 미노타우로스를 죽이고 아테네로 돌아가는 도중에 아폴론 신의 탄생지인 델로스섬에 들러 아폴론을 위한 대대적인 희생제의를 바친다. 이것은 나중에 아테네의 중요한 축제의 기원이 된다. 테세우스는 델로스섬에서 꾸불꾸불한 라뷔린토스(Labyrinthos)의 형태를 모방하여 선회 동작을 하는 두루미 춤을 추었던 것으로 전해온다.

아폴론과 관련하여 세 곳의 지명이 거론된다. 그가 태어난 델로스(Delos)와 1년간 머물던 히페르보레이(Hyperborei), 그리고 아폴론 신탁으로 유명한 델포이(Delphoi)이다. 그리스 신화에서 아폴론 신탁은 특별한 위치를 차지한다. 델포이의 신탁을 통해 아폴론은 대표적인 예언의 신으로 자리매김한다. 그리스 신화에 등장하는 대부분 예언자는 아폴론으로부터 그 능력을 부여받았다. 델포이는 고대 그리스인들이 어떤 중요한 결정을 내려야 할 때 아폴론 신을 참배하는 곳이며 그에게 신탁을 얻는 곳이다. 델포이는 그리스 중부 지역에 있어 어느 지역으로도 왕래가 쉬우므로 국제적인 종교 중심지가 되었다. 아폴론 신을 위한 제례의식은 장엄하고 신비롭게 진행되었다.

아폴론 축제는 델포이의 퓌티아(Pythia) 축제이다. 퓌티아 축제의 기원에 대해서는 정확히 알려지지 않았으나 기원전 582년에 처음 조직되었을 것으로 추정된다. 이전에는 학문과 예술의 신 아폴론에게 적합한 시가 경연을 벌였던 것으로 알려져 있다. 아폴론과 왕뱀 퓌톤(Python) 간의 갈등과 아폴론의 승리를 기념하는 찬가가 주요 행사였다. 원래 델포이는 법의 여신 테니스가 신탁을 내리던 곳이었다. 그런데 아폴론이 델포이로 들어오게 되자 왕뱀 퓌톤은 저항하다가 살해당하였다. 아폴론은 델포이를 차지하고 퓌톤을 땅에 묻고 옴팔로스(Omphalos)를 박았다. 이를 기념하여 퓌티아 경기라고 불리게 된 것으로 보인다. 델포이는 평지가 아니라 산들로 둘러싸인 곳이다. 그래서 산 중턱에 아폴론 신전이 세워져 있으며 여기서 산 위로 100m쯤 더 올라간 곳에 경기장이 만들어져 있다. 그래서 전차 경기나 경마는 결코 할 수가 없었다.

이들 현악기 중 리라의 탄생과 관련하여 전해오는 신화가 있다. 아틀라스의 딸 마이아와 제우스 사이에서 태어난 아들인 헤르메스는 전령신이자 통행 · 상업 · 발명 · 간계 · 도둑질의 신이다. 태어나면서부터 발명에 특출한 재주가 있던 헤르메스는 거북의 등껍질과 아폴론에게 훔친 황소의 힘줄로 악기를 만들었다. 거북의 등껍질의 각 끝에 아홉 개의 구멍을 뚫어 황소 힘줄을 걸었는데, 현이 아홉 줄인 것은 아홉 명의 뮤즈에게 경의를 표하기 위해서였다. 이렇게 만들어진 것이 리라였고, 헤르메스는 이 리라를 아폴론에게 바치고 그 답례로 카두케우스 지팡이를 받았다. 이후 리라는 아폴론이 항상 지니고 다니는 악기가 되었다.

제우스의 아들 아폴론은 빛과 진리와 음악과 시의 신으로, 리라와 키타라와 같은 악기를 연주하는데, 아폴론이 연주한 키타라는 그리스의 가장 화려하고 아름다운 악기였다. 악기로 발굴된 것은 없지만 많은 그리스 화병의 정교한 그림에 그리스인들이 좌우 대칭형의 키타라를 작은 채(plectrum)로 연주하며 키타로디(Kitharodie)를 노래하는 것을 볼 수 있다. 최근에는 키타라가 고고학자들에 의해 복원되어 키타로디를 들려주는 데 도움이 되고 있다. 니체의 영향을 받은 음악전문가 커트 작스(Curt Sachs)는 "키타라의 음악은 영적, 고요한, 고귀한 아폴론적인 것이지만 아울로스의 음악은 감각적이고 술 취한 디오니소스적이다. 이러한 이들 집약적 표현들을 통해 그리스 예술의 본질적 의미를 발견하였다."고 주장한다. 키타라는 리라와 비슷하지만, 그보다 큰 악기였기 때문에 그것에 맞게 행사나 행진 등 대중적인 자리에서 많이 연주되었다. 아폴론을 찬양하는 퓌티아 축제에서 키타로디가 키타라 연주에 맞춰 불렀기에 니체는 리라보다는 키타라를 아폴론을 상징하는 악기로 여겼다.[17)]

---

17) 작스에 따르면 고대 음악에서 목관악기(Aulos)와 현악기(Kithara, Lyra) 사이에 근본적인 대립이 지배한다는 학설은 보편적이다. 이때 작스는 키타라와 리라를 같은 현악기로 취급한다. 니체도 리라와 키타라를 아폴론의 악기로 크게 구분하지 않는다. 리라는 단순한 것으로 공명판이 작지만, 그 대신 가

2.2. 아울로스의 음악적 기원과 특징

아울로스는 그리스인들이 동방으로부터 들여온 관악기로 플룻과 비슷하였다. 주로 노래 반주악기로 사용되었으나 기원전 6세기경부터 독립된 독주용 악기로 사용되었다. 아테네의 파나텐 축제에서는 오랫동안 아울로스 음악이 함께 하였다. 기원전 5세기에는 후에 오페라의 이론적인 모태가 되는 음악극과 키타라, 아울로스 각각의 악기들이 독주하고 합창과 아리아가 조주(助奏)하는 송가(頌歌)나 찬가(讚歌) 등이 정점을 이루었다.

그림1 아울로스[18)]

Abb. 12: Lyra und Doppelaulos im Unterricht

그림2 리라와 아울로스 [19)]

아울로스는 지혜 · 풍요 · 공예 · 전술의 신인 아테나가 만들었으며, 마르시아스와 올림포스가 훌륭한 연주를 했던 것으로 전해진다. 핀다로스의 퓌티아(Pythie, 여사제) 송시 12권은 기원전 490년 아울로스 연주에서 승리한 아르고스의 왕 아크리시오스(Acrisius)의 미다스(Midas)를 위한 찬가로 여기에 아울로스에 관한 신화가 나온다. 페르세우스[20)]는 아테나 여신과 헤르

지고 다니기에 간편하다. 키타라는 리라의 4현에 비해 8현 또는 그 이상의 것도 있었다. 키타라는 공명판도 크고 무거웠기 때문에 아동용으로는 거의 리라가 사용되었다. 키타라가 리라보다 더 크고 실내보다는 야외용 악기로 사용되었다는 점에서 니체가 말하는 현악기는 키타라임을 밝혀둔다.

18) Vogel Martin, Apollinisch und Dionysisch: Geschichte enies genialen Inrrtums, Gustav Bosse Verlag Regensberg, 1966. 405쪽.

19) 위의 책, 404쪽.

20) 페르세우스(Perseus)는 다나에(Danae)와 제우스(Zeus)사이에 태어난 아들이며, 아르고스(Argos) 왕

메스에게서 각각 빌린 방패와 날개 달린 구두의 도움으로 메두사[21]의 목을 벤다. 그때 아테나는 메두사의 자매인 에우리 얼레가 혈육의 죽음을 슬퍼하며 통곡하는 처절한 모습을 보고 감동하였다. 아테나는 에우리알레의 울부짖는 모습을 재현하기 위해 아울로스를 만들었다. 그리고 아테나는 아울로스에 어울리는 가락을 작곡하여 연주하였다.

또 다른 전설에 따르면 신들의 잔치가 열리는 동안 아테나는 사슴 뼈를 가지고 처음으로 악기 아울로스를 만들어서 연주하였다. 그런데 다른 삼미신(三美神)인 헤라와 아프로디테가 아테나가 아울로스를 부는 그녀의 얼굴을 보고 웃음을 터트리자 프리기아로 돌아가 아울로스를 부는 자신의 모습을 개울물에 비추어보게 되었다. 아테나는 자신의 빨개진 얼굴과 흉한 모습을 보고 인간 세상으로 이 악기를 내던지면서 누구든 그것을 가져가는 사람은 무서운 벌을 받을 것이라고 경고하였다.

인간 세상으로 떨어진 아울로스를 주운 사람은 반인반수의 마르시아스였다. 그는 미다스 왕이 다스리던 프리지아에 살았는데 아울로스를 다루는 솜씨가 남달랐다. 마르시아스는 아울로스가 세상에서 가장 아름다운 소리를 내며, 그 악기는 자신이 가장 잘 연주할 수 있다고 자랑하며 다녔다. 그래서 그는 아폴론의 심기를 건드렸고 신과의 연주 경연을 자청하는 무모함을 저지르고 말았다. 그렇게 아폴론은 리라를, 마르시아스는 아울로스를 연주하는데 그들 실력의 우열을 가리기 힘들었다. 불리해지자 아폴론은 갑자기 리라를 거꾸로 들고 연주하더니 마르시아스에게 아울로스를 거꾸로 들고 연주하라고 요구하였다. 그런데 아울로스는 거꾸로 들고 연주하면 절대로 소리를 낼 수 없는 악기이다. 결국, 마르시아스는 아폴론

아크리시오스(Akrisios)의 손자이다. 메두사의 목을 벤 영웅으로, 바다 괴물의 먹이가 될 위기에 처해 있는 안드로메다(Andromeda)를 구출하고 그녀와 결혼한다. 후에 미케네(Mycenae)의 왕이 된다.

21) 그리스 신화에 나오는 괴물이자 마녀로, 스테노(Stheno) · 에우리알레(Euryale) · 메두사(Medusa)로 이루어진 고르고(Gorgo) 세 자매 중 하나이다.

과의 연주 경연에서 참패하고 말았다. 그는 아폴론에 의해 소나무에 산 채로 매달려 살가죽을 벗겨내는 참혹한 벌을 받았다. 이는 앞서 아테네가 악기를 가져가는 이에게 내린 경고에 따라 벌을 받은 것일 수 있고, 인간이 신에 도전할 경우 받게 되는 가혹한 벌이기도 하다. 후에 마르시아스는 겹리드 파이프 아울로스를 연주하는 음악의 창시자로 불리게 되었다.

아울로스는 큰 음향과 요란한 효과 덕분에 디오니소스 축제에 적합한 악기였으며 디오니소스 축제는 아울로스의 활동영역을 더욱 확장시켜주었다. 아울로스가 디오니소스적 디티람보스를 위해 반주하였다. 시인이며 음악가였던 레소스는 디티람보스의 아울로스 반주 기법을 더욱 발전시켰다. 그는 디티람보스 합창단을 위해 다수의 아울로스 연주자들이 더욱더 자유로운 리듬과 옥타브로 반주하게 하였다. 그리하여 아울로스 음악이 더욱 광채가 나고 주목받게 되었다. 아이스킬로스와 동시대인으로서 프라티나스(Pratinas)는 아테네에서 디오니소스 경연 중 오래된 익살스러운 사티로스 극을 존속시키자는 주장에 앞장섰다. 그래서 시티로스 극의 도입자로 간주하기도 한다.

그밖에 티르타이오스(Tyrtaios), 칼리노스(Kallinos), 솔론(Solon) 등의 서정시인들은 리라나 키타라 이외에도 아울로스의 연주에 맞추어 노래하였다. 밀레토스 출신 티르타이오스는 타민족 출신으로 스파르타에 건너온 애가 시인이자 대표적 아울로스 음악가이다. 그는 아울로스 반주로 노래하는 파이안(Paian)을 도입하였다. 플루타르코스에 의하면 티르타이오스를 스파르타로 불렀던 이유는 파이안이 당시 유행하던 페스트를 퇴치해줄 것이라 믿었기 때문이었다. 또한 그에 의해 고대 그리스에서 춤을 동반한 합창가무곡도 도입된 것으로 전해진다. 이외에도 9개의 현으로 된 현악기에 맞추어 부르는 노래로 이암부스(iambus)도 당시 유행했던 노래였다. 아얌부스의 대표적인 시인으로는 아르킬로코스(Archilocus) 시모니데스(Simōnides), 히

포낙스 등이 있다.

사라디스(Sardes)[22] 출신으로 기원전 7세기 후반 스파르타에서 합창단 지휘자로 활약한 서정시인 알크만[23]을 보면 당시 스파르타에서 아울로스 음악이 얼마나 대단한 위상을 차지하고 있었는지 알 수 있다. 프리지아의 시인들은 주로 아울로스를 독주로 연주하였지만 간혹 아르테미스 찬가 중에 아울로스를 연주하는 아울로스 연주자들도 있었다. 가령 그들은 키벨레를 위한 노래를 맞추 연주하기도하고, 소녀합창단을 위한 반주하기도 하였다.

호메로스나 헤시오도스의 시대에는 프로밍크스가 지배적이었다. 핀다로스 시대에 와서 그 이전의 서정시인들처럼 두 악기가 자연스럽게 사용되었다. 핀다로스 이후 아울로스는 저음을 사용할 수 있게 됨으로써 악기 하나로도 세 가지 음조를 연주할 수 있게 되었다. 당시 현악기 음악은 아주 쇠퇴해 버리고 아울로스가 소위 독점시대를 점하게 되는데 오직 보이오티아식 아울로스 연주자와 아울로스 성악가만 거론되었다. 그런데 아테나에는 아울로스 연주자들이 거의 없었기 때문에 아테네 축제 때 필요한 아울로스 연주자들은 다른 지역 특히 보이오티아에서 데려와야 했다. 아테네인들이 얻은 결론은 보이오티아인이 타의 추종을 불허하는 뛰어난 아울로스 연주 능력을 갖췄다는 것이다.

아울로스는 일찍이 올림픽 경기에서 그 위상이 높아져 5종 경기에서 그 음악이 울려 퍼졌다. 하지만 초기 퓌티아 경기[24]에서 아울로스 음악은 금

22) 사르디스(Sardes)는 소아시아 서부의 고대 리디아의 수도이며 이즈미르의 동쪽에 위치한다.

23) 소아시아의 리디아 수도 사르디스 출생. 단편이기는 하나 현재까지 전하여진 최고(最古)의 합창곡의 작가이다. 알렉산드리아 시대에는 그의 작품이 6권의 책으로 기록되었으며, 그를 유명하게 한 것은 ≪소녀가(小女歌) Partheneion≫로서 첫 2권에 실려 있었던 것으로 추측된다. 1885년 이집트에서 출토된 ≪소녀가≫ 100여 행의 단편은 고전기 이전 합창의 유일한 보기로 후대에서와 같은 형식을 사용한 점은 주목할 만하다. 당시의 스파르타는 시가(詩歌)가 융성했던 시기로, 그는 소녀들을 위한 노래를 짓고, 춤을 가르치고, 합창단의 지휘 · 지도를 맡았는데, 그녀들과 친숙한 관계에 있었기 때문에 자연묘사 등에 있어서도 훌륭한 솜씨를 발휘한 것으로 보인다.

24) 그리스 축제들(Panhellenic festivals)로는 올림피아(Olympia) 경기, 퓌티아(Pythia) 경기, 이스트미아

지되었다. 그래도 아울로스는 델포이의 디오니소스 축제에서 신과 합일되기 위한 무아지경에 이르게 하는 종교적 목적에는 유용하여 주도적인 역할을 하였다. 그러나 신성한 아폴론 종교축제에서 사용되기에 아울로스 음악은 너무 요란스러웠다. 아울로스 음악은 애가적 성격을 가졌기 때문에 아폴론 신의 승리를 노래하는 축제 음악으로서 적합하지 않았다. 이때부터 아울로스 음악이 점차 사라지게 되었다. 다만 보이오티아와 아테나에서만 좀 더 명맥을 이어갔을 뿐이다.

이제 니체의 디오니소스적 음악이 아울로스라고 지목하는 이유를 다음과 같이 두 가지로 정리할 수 있다. 첫째로 디오니소스 축제에서 망아적 자유와 도취의 황홀로 이행하는 데 가장 중요한 역할을 하는 악기였기 때문이다. 이러한 디오니소스적 체험이 시작되는 순간 현실의 벽을 무너뜨림으로써 그로부터 해방된 파토스는 이제 엄청난 반작용의 분출력을 얻어 열린 공간으로 퍼져 나간다. 파토스의 분출력은 그것이 이 열린 공간에서 새로이 힘의 안정과 균형을 되찾을 때까지 지속되었다. 둘째로 열정적이고 관능적인 아울로스의 음색이 디오니소스가 추구하는 가치와 부합하기 때문이다. 표현력이 풍부한 고대 그리스의 관악기 아울로스가 순수하고 진솔한 인간의 본성과 욕망에 관련된 파토스적 가치를 추구하는 디오니소스의 이미지와 부합되는 것이다. 그리스인들은 현악기와 관악기 간의 음색 차이를 대립하는 가치인 이성과 감성에 관련해서 인지하고 있었던 것으로 보인다. 이처럼 현악기의 음색이 명확하고 밝은 이성의 소리라면, 관악기의 음색은 이성을 배제한 흥분과 격정의 소리로 해석되었다.

(Isthmia) 경기, 네메아(Nemea) 경기 등이 있다. 올림피아 경기와 퓌티아 경기는 4년마다 한 번씩 열렸고, 이스트미아 경기와 네메아 경기는 2년마다 한 번씩 열렸다.

3. 고대 그리스 음악의 유래와 특징

3.1. 서사시, 서정시 그리고 극시

니체의 비극의 사유에 드러나는 예술의 영원한 본성내지 아름다움의 순수한 법칙을 규정하고자 한다면 고대 그리스 음악의 역사에 주목해야 한다. 고대 초기 그리스 음악은 불리지 않는 시가 없었던 것처럼 모든 음악은 시였으며 악기는 단순히 반주의 역할을 할 뿐이었다. 따라서 고대 그리스 음악은 시와 밀접한 연관성을 가지고 문학사적으로 서사시(Epic), 서정시(Lyric) 그리고 극시(비극(Tragedy)과 희극(Comedy))로 발전되어 왔다. 고대 그리스에서 시는 제의와 연관되어 공적 사회적 · 공동체적 · 국가적 성격을 지닌다. 시는 음악과 결합하여 번성하였고, 코레이아, 즉 음악 · 춤 · 노래 등과 더불어 빠질 수 없는 요소였다. 시는 종교 및 제의와 연관된 이후 예술 이상의 것이 되었다.

기원전 950~750년 사이에 그리스인들이 그리스어를 표시하기 위해 페니키아 알파벳을 도입하면서 글자에 모음을 도입하는 혁신을 이루었다. 이러한 문자가 도입되면서, 그때까지 구전되어 내려오던 신들과 영웅들의 이야기들이 모여 살이 붙여지면서 서사시의 시대가 열리게 되었다. 기원전 750년경부터 기원전 5세기 상고기, 그리스는 도시국가의 출현으로 정치적인 변화와 발전이 이루어졌다. 초기 서사시인은 호메로스로 서사시가 형성된 곳은 주로 소아시와 이오니아 지방이다. 호메로스의 서사시 이외에도 헤시오도스의 서사시가 있었다.

니체에게 꿈꾸는 그리스인들은 다수의 호메로스였으며, 또한 호메로스를 꿈꾸는 한 사람이 그리스인이기도 하였다. 호메로스의 서사시에는 올림포스산의 12신들이 주로 등장한다. 특히 디오니소스는 부차적인 신으로 취급되었지만, 후대 그리스 문화권과 헬레니즘 문화권에서 중요한 신이 되었다. 시인들은 무사이 여신들로부터 영감을 얻은 덕분에 인간세계뿐만 아니라, 신들의 세계에 대해서도 노래하고 이야기할 수 있었다. 물론 신들의 세계에서 벌어지는 일은 인간세계의 일들과는 구별되지만 그렇다고 신들이 기적을 만드는 존재는 아니었다. 서사시 공연에서 이야기되는 사상과 전통 등은 당시의 중요한 사회적 가치들이 담겨 있다.

현재까지 오직 2편의 영웅주의 서사시 『일리아드』와 『오디세이아』만이 전해지고 있다. 이들 서사시는 장단단 6보격으로 쓰였다. 본래 서사시는 이러한 전통적인 정형구 수천개를 외우고 다는 직장가수의 공연이였다. 서사시는 인간들과 신들의 행적을 주제로 주로 귀족전사들의 모험과 도전 등 의미있는 경험들인데, 그들이 사는 세상에 신들이 자주 찾아와 인간사를 개입하는 이야기들이다. 우선 『일리아드』는 아킬레우스가 명예의 손상으로 분노하여 비극적 결단을 내리지만 인간의 삶의 비극적 조건을 통찰하고 적과 화해하는 위대한 정신의 모범을 보여준다. 또다른 서사시 『오디세이아』는 오디세우스가 트로이를 정복한 후 온갖 시련과 유혹을 극복하고 귀향해서 일상으로 복귀하는 과정을 그려낸다. 이는 앞서 아킬레우스의 영웅의 외적인 모습보다는 온갖 역경을 지략과 용기로 극복해낸 내적인 강인함을 보여준다.

만약 호메로스 시대의 인간이 도덕성의 초월적인 토대로서 종교를 추구했다면, 그에게 『일리아드』의 종교관은 비(非)상식적이고 심지어는 매우 도발적이었을지 모른다. 또 만일 호메로스 시대의 인간이 압도적인 힘으로 인간사에 개입하는 전지전능한 신을 찾는다면, 그에게 『일리아드』의 여러 장면에서 신들은 숭고한 외관에 어울리지 않는 비루한 놀이를 추구하는 존재로 보였을 것이다. 당시 일관되고 통일된 신관을 가진 종교는 존재하지 않았다. 어떤 일이 왜 그리고 어떻게 그렇게 전개되었는지 따져 묻지 않고, 그저 있는 그대로의 상황을 받아들일 경우, 사람들은 이를 "운명" 혹은 "질서"라고 말한다. 질서는 사람들이 지켜지는 혹은 지켜야 하는 불변의 규칙을 말한다. 이 개념은 법률, 관습 그리고 사회적 장치에 속하는 규범과 그 사례 전반을 포함한다. 운명은 호메로스에서 때로는 "신들의 섭리"로 여겨지며 그리하여 어떤 방식이든 신들에게 귀착된다. 하지만 서사시는 신들이 세계를 지배한다는 기존의 믿음과 배치되는 생각을 제시하기도 한다. 즉 서사시의 사건은 이미 운명에 의해 결정되어 있으므로 신들도 그에 따라야 한다는 것이다. 그리하여 이들 시인이 노래하는 신들과 영웅들은 밖으로부터 독립적이고 완고한 강제로서 주어진 운명의 힘을 주어진 것으로 받아들인다.

신 개념과 관련하여 우리는 호메로스 이후 상고기의 그리스인들 사이에 널리 퍼져 있는 대립되는 존재방식을 고려해 볼 수 있다. 그들에게 인간 존재는 인간과 유사하면서도 무제한적인 신적 존재라는 대립물이 필요했다. 그러나 신들은 생동하는 삶의 욕망을 무한히 충족시키는 인간 초월적인 자유를 만끽하는 존재이지만 인간보다 도덕적으로 앞선다고 볼 수 없었다. 그리스에서의 신들은 추상적인 존재가 아니라 나름대로 개성을 가진 존재였다. 서사시에 등장하는 높은 위상의 신들은 일차적으로 우주 안에서의 특수한 기능에서 벗어나 있는 자유로운 존재로서 초자연적인 힘보다는 자연의 힘에 종속되어 있었다. 신들은 오로지 그들 자신을 위해 존재할 뿐이며, 부차적으로 이따금 간헐적으로만 세상에 모습을 드러냈었다.

헤시오도스의 서사시는 무장한 영웅주의가 아닌 노동의 신성함을 찬양하였다. 그러나, 고대 그리스 서사시는 여가를 위한 시로 순수 예술일 뿐, 어떤 종교적 기능은 물론이고 다른 합목적성도 갖지 않는 객관적인 서술로 이루어졌다. 헤시오도스는 체계적이고 포괄적으로 자신의 첫 대작 『신들의 계보』에서 평범한 인간들의 주변 환경 전체가 어떻게 생성되었는지, 그것이 지금 어떤 모습인지를 보여주고 있는데, 그것은 신들과 신적인 힘과 인간과 동물을 제외한 자연 모두를 아우르고 있다. 또한, 그의 두 번째 서사시 『일과 나날』에서 인간의 일상적 노동과 그에 따른 규칙을 이야기하고 올바르고 온당한 생활양식에 대한 훌륭한 교훈을 제공하고 있다.

『일리아드』에는 음유 시인이 단 한 번 영웅시를 노래하는 부분이 있다. 이때 시인은 영웅의 여흥을 노래하며, 영웅적 행위를 전한다. 반면 『오디세이아』에서 서사시 가사는 선율에 맞추어 읊조리는 사설이 대다수였고, 음유 시인은 현악기에 맞추어 그 가사를 읊었다. 특히 호메로스는 음유 시인 중 한 사람으로 항상 악기를 가지고 다니며 노래를 했다고 전해진다. 서사시의 리듬은 장대하고 웅장했으며 종교적 제의나 정치적인 의식에 잘 어울렸다. 호메로스 시대의 향연에서 아울로스는 주로 신이나 영웅들을 찬양하기 위한 노래를 부를 때 연주되었으며, 프로밍크스도 흥을 돋우고 기쁨을 나누는 자리에서 연주되곤 하였다. 이는 나중에 키타라와 리라로 대체되었다.

언제나 낭만적인 『오디세이아』에서 영웅은 걸인일 때조차도 결코 좌절을 모르는 인간이었다. 영웅이란 굶주림과 가난을 생각과 정신으로 극복하는 인간이었다. 그런데 서정시인 아르킬로코스(Archilocus)는 그러한 과장된 이상형에 줄기차게 반론을 제기하였다. 그는 인간은 굶주림이나 가난은 인간을 혼란스럽게 하는 외부의 현실을 고려하여 단호하게 현실적이고 냉정한 각성을 촉구하였다. 우리의 사유와 감정의 세계는 우리가 일상에서 부딪치는 사건에 의해 근본적으로 바뀌게 된다. 이어 서정시는 개인이 순간순간 마주하는 현재의 모습이 가장 중요했으며 이에 어울릴 만한 직선적이고 자연스러운 언어로 이야기하며 등장하였다.

기원전 7세기 서정시는 먼저 소규모 집단의 향연에서 낭송되는 일종의 귀족 문화의 하나로 자리 잡았다. 서사시가 명예를 중시하는 영웅주의의 전사(戰士) 가치관이 중요시하였다면 서정시는 개인 중심의 일상적 가치관이 중요하였던 문학 장르였다. 아르킬로코스는 영웅주의 서사시의 전통에서 벗어나 개인의 생각과 감정을 노래한 서정시의 시대를 열었다. 그의 작품 속에는 인간성이 있는 그대로 적나라하게 드러난다. 그는 용감무쌍한 결단력으로 자기 자신을 보여주고, 덮어 가린 전통관습과 기만적인 장식을 다 내던져 버린다. 그는 개인이 삶에서 겪은 일들을 아름다운 일이든 추한 일이든 본격적으로 자신의 생각과 감정을 그대로 표현하고 있다. 그의 작품은 타협을 불허하는 직설적인 표현으로 점잖은 예의도 부드러운 강약조절도, 은근한 명암조절도 존재하지 않는다. 그의 작품처럼 속내를 깊이 감춘 은근한 표현은 어디에도 없었다.

아르킬로코스가 가진 사상과 감수성의 세계는 양극적 대립성이라는 상고기의 원리를 따르고 있다. 그의 작품에서 작동하는 강력한 움직임은 때로 이원적 대립의 긴장 때문에 야기되는데, 그중 하나는 밀어내는 작용을 다른 하나는 끌어당기는 작용을 한다. 아르킬로코스에게 '여기, 지금 그리고 나'라는 일차적인 사실들이 동시에 어떤 전제조건도 없는 어떤 의혹도 없는 궁극적인 것을 의미한다. 아르킬로코스의 서정시는 '나'에서 시작하거나 '나'에서 끝난다. 하지만 개별적으로 형상화되고 채색된 사람의 모습을 보여준다는 의미에서 주관적이라 볼 수 없다. 아르킬로코스가 전달하고 있는 그것은 바로 전형성이다. 그의 체험은 단순하고, 그의 감정은 간단한 단어로 표현된다. 즉 사랑과 증오, 경멸과 찬양, 슬픔과 기쁨으로 전체를 충분히 표현할 수 있다. 우리가 보기에 시인들 개개인의 개성은 매우 극명하게 구분되는 것이지만, 그들이 표현하고자 했던 것은 개별적 처지가 아니라 객관적인 인간현실이었다. 서정시는 개인의 삶의 기복 성쇠를 영원한 전형에 비추어 객관화시킴으로써 서정시를 지어 부르는 사람뿐만 아니라 비슷한 처지에서 이를 따라 부르는 사람에게도 긍정적인 영향을 발휘하게 되었다.

예술적 형식은 체험을 순화시켜주고 이를 아름답게 변용한다. 서정시도 그 문체에 있어서 나름대로 거의 호메로스의 서사시만큼이나 완벽하였다. 초기 서정시의 그 탁월성은 오랜 전통 그대로 미숙한 흔적을 전혀 찾아볼 수 없었다. 서정시는 분명하고 확고한 표현이 있을 뿐이며, 화려한 장식이나 꾸밈이 없이 마음속에 있는 그대로를 그려낸다. 플루타르코스에 의하면 원래 서사시를 노래할 때 반주가 없었는데 아르킬로코스가 반주를 도입하였다고 한다. 서정시를 일컫는 리릭(lyric)도 '리라와 어울려'라는 의미의 리릭코스(lyrikos)에서 유래되었다. 리라 이외에도 키타라에 맞추어 노래를 짓기도 하였다. 일곱 개의 현(弦)으로 구성된 악기 키타라는 리라(lyra)에서 유래하였다. 이 악기에 맞추어 시를 지었던 시인들로는 레스보스(Lesbos) 출신 테르판토스(Terpander), 여류시인 사포(Sappho), 알카이오스(Alkaios) 등이 있다. 이들의 활동으로 이오니아에서 서정시가 꽃을 피우게 되었다. 서정시가 개인의 독특한 체험과 섬세한 감수성의 표현으로 이해되는 까닭은 주로 그들의 작품에서 찾을 수 있다. 이렇듯 기원전 7세기부터 6세기에 등장한 이들 세 명의 서정 시인들이 음악의 형식을 결정지었으며 이것이 고대 그리스 음악의 시초가 되었다.

3.2. 디티람보스와 비극

고대 그리스 비극은 춤과 연관성을 지닌 디티람보스(Dithyrambos)[25]에서

---

25) 테미스(J.E.H.Themis)는 Dithyrambos의 어원을 분석하였는데, 그 단어는 어원상, di-thor-amb으로 di는 신성을, thor는 약동, 도약, 탄생을, 그리고 amb는 노래를 의미한다. 즉 디티람보스는 생명력이 약동하는 봄 축제에 불리던 노래이자 모든 만물의 소생과 재탄생을 의미하는 새로운 탄생의 노래이다. 또한, 디티람보스는 비극에서 디오니소스의 추종자로 알려진 사티로스(Satyros)로 구성된 합창단을

그 기원을 찾을 수 있다. 니체는 비극이 비극 합창단(tragischen Chöre)으로부터 발생했으며, 근원적으로 합창(Chor)이며 그 외의 아무것도 아니라고 주장하였다. 니체 또한 대부분 학자가 받아들이고 있는 아리스토텔레스의 『시학』 4장에서의 비극의 기원을 따른다. 아리스토텔레스에 의하면 비극은 제례적 디티람보스[26], 즉 디오니소스 신의 시종들인 사티로스로 분장한 배우들이 춤추고 노래하는 사티로스 극을 곁들인 디티람보스에서 유래하였다. 디티람보스는 디오니소스 신을 찬양하기 위한 노래로 일종의 디오니소스 합창단을 의미한다. 디오니소스 합창단은 신화적 요소를 지닌 희 · 비극적 노래이며, 음악적으로 아울로스(Aulos), 피리 소리에 맞춰 춤추는 합창단의 춤(choral dance), 즉 사티로스 합창단이다. 아테네 문화는 기원전 5~4세기에 전성기를 맞게 되는데 이 시기에 비극과 희극이 완성되고 산문이 확립되었다. 비극은 아테네의 국가행사인 디오니소스제라는 종교적 축제의 일부로서 공연되었다.

디오니소스 축제는 그리스인들에게 매우 중요한 축제였다. 당시 디오니소스 축제는 12월농촌 디오니소스 축제(Rural Dionysus Festival), 1월 레나이아 축제(Lenaia Dionysus Festival), 2월 안데스테리아 축제(Anthesteria Dionysus Festival), 3월 도시(대) 디오니소스 축제(City Great Dionysus Festival) 등 1년에 4번 6~7일간 계속

의미한다. 즉 디티람보스는 엑스터시스적 광란을 포함하고 있는 집단적인 의례로서 연극을 의미한다. 이는 제의에서 희생 제물을 바치는 순간에 리듬이 있는 움직임 및 의례적 환상이나 절규를 통해 집단적 엑스터시스를 불러일으키기 위해 추는 윤무(輪舞)였다. 기원전 7~6세기 그리스에서 대규모 서정시가 한 것은 바로 이 합창으로부터이다. 엑사르콘(exarchon, 합창단 지휘자)이 담당했던 노래 부분이 중요해지면서 그 의례적 상황이나 디오니소스적 성격 등에 어울리는 주제에 대한 서정적 시구가 삽입됨으로써 문학 형식으로 발전해나갔다.

26) 아리스토텔레스는 서사시와 비극, 희극과 디티람보스 시, 피리와 키타라 연주 등의 예술들을 모방적이라 여겼다. 오늘날 이들을 그저 시와 음악이라 말한다. 그러나 아리스토텔레스에게 이런 식의 좀 더 일반적인 용어가 없었기 때문에 더욱 세세하게 열거한 것이다. 그가 사용한 개념적 도구들이 그의 선배들이 사용한 것보다는 한참 앞서가긴 했지만, 여전히 없는 것들이 많았다. 그 스스로가 문예 전체를 포괄할 용어가 없다는 것을 알고 있었다. 그리스어로 '시인' 이라는 용어는 무엇을 만드는 사람 혹은 산문작가를 제외한 시작가를 뜻하였다. 어휘가 부족한 탓에 아리스토텔레스는 비극 · 희극 · 서사시 · 디티람보스 등을 나열하지 않으면 안 되었던 것이다.

되었다. 이중 안데스테리아 축제를 제외하고는 항상 비극경연대회가 있었다. 디오니소스 축제가 열리면 디오니소스 신을 찬미하는 디티람보스(Dithyrambos, 합창단) 향연이 춤과 함께 이루어졌는데, 이때 지도자격인 한 사람이 앞 무대로 나와 대사와 함께 간단한 극적 행위를 하게 되었다고 한다. 기원전 5세기에는 본격적인 디오니소스 축제가 대규모의 행렬로 시작되는데 아테네 시민들뿐만 아니라 재외국인들도 참여하였다. 디오니소스 극장에서 황소를 희생 제물로 바치는 희생제의를 치른 후에 저녁에 포도주를 곁들인 대규모의 만찬을 벌인다.

첫째 날은 아테네 시민들과 식민지의 대표들이 아크로폴리스의 남쪽 경사면에 있는 디오니소스 극장까지 디오니소스 엘레우테레우스(Dionysus Eleuthereus)의 목상을 들고 행렬하는 것으로 시작된다. 다음날 경연대회에 앞서 치르는 예식인 프로아곤(Proagon)이 벌어지는데, 이때 상당수 작가의 작품들이 선발된다. 이때 디오니소스 극장에서 공연들을 관람하는 것이 일종의 시민 교육이 되었다. 예컨대 아이스킬로스의 「에우메니데스(Eumenides)」에서 아폴론과 에리뉘에스의 논쟁은 당시 사회적 가치의 문제에 대한 정치한 논변을 구사하고 있으므로 수사학이나 대화법 또는 논쟁술을 훈련할 수 있었을 것이다. 그렇지만 그리스인들이 이러한 공연을 조용하고 진지하게 지켜본 것은 아니었다. 때로는 시끄럽게 손뼉도 치며 음식도 먹고 던지면서 자유롭고 편안하게 보았다고 한다. 삼 일째 되는 날부터는 한 비극작가가 쓴 세 편의 비극과 한편의 사티로스 극이 매일 상연된다. 그리고 축제가 끝난 후에 최우수 비극작가와 희극작가에게 시상식을 거행하였다.

이 때 디티람보스 경연은 디오니소스 축제를 통해 정치적, 사회적 안정을 도모하는 효과를 잘 반영하고 있다. 축제의 첫 날 오후에 합창 노래, 즉 디티람보스 경연이 시행되었다. 그 규모도 성인 남자 합창단이 50명, 소년 합창단이 50명에 이르렀으며, 아티카의 10개 부족으로 이뤄진 성인 남자 합창과 소년 합창단이 한 팀이 되어 디오니소스를 찬양하는 합창곡을 상연하였다. 대략 150~300연 정도의 길이를 가지고 춤과 음악을 곁들여 30분 정도 공연되는 노래를 충분히 익히는 데 필요한 연습 동안 부족 주민들은 서로 만나서 유대감을 형성할 수 있었다. 이때 개인주의를 배제하고 경연의 승리자가 한 개인이나 작가가 아닌 부족 전체였다는 사실을 통해 디티람보스 경연의 근본 취지는 민주와 평등이었다.

또한 사티로스 극은 비극이 온전한 형태로 성립되기 이전부터 존재했지만 그리스 비극의 발전 모태라 볼 수 있다. 우리에게 전해지고 있는 유일한 사티로스 극은 에우리피데스의 「키클롭스(Kyklops)」이며, 그리스에서 사티로스 극은 비극 경연대회의 자취만 남아있을 뿐이다. 비극 3편의 뒤에 상연되었던 사티로스 극은 비극과 함께 신화, 전설에서 제재를 취한 우스꽝스러운 극이며, 짐승의 분장을 한 사티로스라 불리는 이들이 합창하였기 때문에 붙어진 이름이다. 관중은 아침부터 심각한 비극을 3편이나 보고 난 뒤에 관람하는 사티로스 극에서 유머러스하고도 익살스러운 기분에 젖어 마음의 긴장을 푼 것으로 보인다.

이처럼 아리스토텔레스가 디티람보'의 지휘자로부터 비극이 시작되었다고 하여 50인으로 편성된 디티람보스의 합창단의 단원은 디오니소스의 시종인 사티로스들로 분장한 것으로 보인다. 비극의 원어인 'τραγῳδία _tragoidia'가 산양(山羊)의 노래가 이로부터 유래한 것이다. 따라서 사티로스 극이란 짐승의 분장한 합창단이 짧고 익살스러운 줄거리 속에서 노래하며 춤추었던 초기 그리스 비극의 한 형태라 할 수 있다.

기원전 6세기 후반에서 기원전 5세기 전반에 걸쳐 합창단의 노래가 정점을 이루었으며 리라와 키타라에 맞추어 부르는 합창을 위한 음악이 발생하였다. 합창 음악을 위한 노래를 만들었던 시인들로는 알크만, 스테시

코로스(Stēsichoros), 이뷔코스(Ibykos), 시모니데스, 핀다로스, 박킬리데스가 있다. 디티람보스(dithyrambos)는 기원전 5세기 초부터 아테네에 꽃피기 시작한 새로운 합창 음악이다.

시모니데스, 핀다로스, 박킬리데스 등 아테네 출신이 아닌 작곡가들의 합창곡 또한 아테네에서 디오니소스 신을 위한 축제에서 연주되었다. 특히 박킬리데스의 경우에는 파피루스를 통해 대체적인 노래의 내용이 전해지고 있다. 형식적으로 디티람보스도 비극공연에서 합창단의 노래처럼 주고받는 형식으로 이루어졌다. 기원전 509년부터 디티람보스도 경연으로서 디오니소스 축제에 참여하여 축제를 즐기거나 운동경기의 승리를 축하하는 용도로 공연되었다. 특히 핀다로스는 아르고스의 헤라 축제에서 레슬링 시합의 승리를 축하하는 시를 쓴 것으로 유명하였다. 비극은 사티로스 극[27]에서 탈피하여 그 뒤 여러 가지 요소들[28]을 계속해서 개량함으로써 본연의 형식을 갖추게 되었다.

이렇듯 비극은 디티람보스와 사티로스 극과 더불어 디오니소스 축제의 일부가 됨으로써 크게 발전하기 시작하였다. 초기 비극은 그리스 신화를 주제로 인간의 문제보다 인간적인 것과 신적인 것 사이의 경계선상의 단순한 플롯으로 구성되었다. 그리스 비극은 시각적으로 보여지는 비극보다는 근대 오페라처럼 합창단이 주도적인 역할을 하였다. 그것은 장경(spectacle)보다는 소리에 의한 공연에 더 가까웠다. 합창단의 낭송은 모두 노래였다. 음악과 춤은 언어와 소리, 동작에 의존하는 원시적인 삼위일체 코레이아의 연속이었다.

비극작가들은 아테네를 진정 사랑한 사람들이었다. 시대와 출신이 서

---

27) 아리스토텔레스에 의하면 사티로스 극은 무용적인 요소가 짙었으며 줄거리(plot)가 비교적 짧았고, 우스꽝스러운 조사(措辭)가 많으며, 극으로서의 품위가 떨어졌음 장단격 운율의 시형이었다.

28) 아리스토텔레스에 따르면 모든 비극은 플롯과 성격과 조사와 사상과 장경과 노래 등 6가지 구성요소를 가지지 않으면 안 된다.

로 다르지만, 아이스킬로스, 소포클레스, 요컨대 그리스 비극 시인들은 단순한 문인이 아니라 아테네에 대한 충성심과 자긍심을 지닌 정치가였다. 시대와 출신이 서로 다르지만 아이스킬로스는 페르시아 전쟁 때 그 유명한 마라톤 전투와 살라미스 해전에 참전했던 용사이며, 묘비엔 그 참전들을 가장 자랑스럽게 생각했다고 새겨져 있다. 그리고 소포클레스는 아테네에서 여러 차례 고위직을 수행했으며, 이런 이력을 자랑스럽게 생각하였다. 이들에게 아테네는 정치공동체가 가져야 할 덕목들, 예컨대 구성원들 간의 화해, 이중적인 인간의 조건을 담지할 수 있는 지혜와 용기, 이방인까지도 구성원으로 받아들이는 포용의 공간이었다.

아이스킬로스, 소포클레스 그리고 에우리피데스(Euripides)와 같은 비극 시인들은 각자 나름의 방식으로 신화를 이해했으며, 구전 신화에 자신들만의 다채로운 형태를 부여하였다. 그런데 최초로 연극적인 행위를 한 지도자격인 사람이 곧 인류최초의 배우는 테스피스(Thespis)이다. 테스피스는 코러스의 장으로서 최초의 배우를 창시하여 그리스 비극 발전의 기초를 확립한 사람이지만, 그의 생애와 작품활동은 자세하게 전해지고 있다. 테스피스는 최초의 극작가이기도 하나 작품 역시 전해지지 않고 있다. 배우의 등장은 공연의 형식뿐만 아니라 내용에도 근본적인 변화를 가져왔다. 특히 극중인물의 내면에서 일어나는 갈등이나 변화를 나타내는 것이 가능해져 극의 긴장과 현실감이 살아나기 시작했다. 테스피스가 제1의 배우를 설정하여 그리스 비극의 기초를 확립한 다음, 아이스킬로스(Aeschylos)가 코러스를 50명에서 12명으로 줄이면서 제2의 배우를 설정하고, 코러스의 역할을 줄이고 대화가 중심이 되게 하였다. 이어서 그리스 최고의 극작가 소포클레스(Sophocles)가 코러스를 12명에서 15명으로 늘리면서 제3의 배우를 설정하여 본격적인 배우로서의 역할을 하게 되었고 무대배경을 도입하고, 구체적이며 본격적인 공연이 형성되어 오늘에 이른 것이다. 또한,

비극은 사티로스극의 짧은 이야기와 우스꽝스러운 조사를 버리고 위엄을 갖추게 되었다. 또한 그 운율도 대화가 도입되면서 장단격에서 단장격으로 바뀌었다. 그밖에 변화는 삽화의 수도 늘어나고 여러 장식도 첨가되었다.

희극도 비극과 거의 같은 조건으로 정의된다. 희극작가는 아리스토파네스(Aristophanes)를 포함해 대략 6명정도 있었는데 40내지 50개의 희극을 쓴 아리스토파네스가 전형적인 전문작가였다. 실제로 당시 비극과 희극의 균형은 축제마다 상이했지만 희극도 꾸준히 공연되었다. 다만 레나이아제에서 비극 대 희극의 비율이 4:3 혹은 4:5라면 도시 디오니소스제에서는 12:3내지 12:5까지 다소 벌어졌다. 아리스토텔레스의 정의에 따르면 비극과 희극의 차이는 비극이 선인(善人)을 모방한다고 할 때, 희극은 보통 이하의 악인(惡人)을 모방한다는데 있었다. 이때 악인은 모든 종류의 악과 관련되기 보다 보통 이하의 어떤 특정한 부류들, 즉 우스꽝스러운 것과 관련해서 추함의 일종이며 우스꽝스럽다는 것은 정상적이지 않은 것의 통칭이었다. 희극은 주로 아테네에 영향을 미치는 주제에 집중하고 좀더 자유로운 분위기에서 정치와 삶, 사상과 견해, 전통과 혁신의 다양한 양상, 폴리스의 유토피아적 이상향이 재현되고 논쟁되는 연단이 되었다. 이 때 시사적인 문제에 대한 발언, 풍자, 폴리스의 개인에 대한 비방은 모두 희극의 특권이었다. 관객은 박수를 보내고 야유를 보내고, 웃고 떠들면서 극 중간에도 거친 방식으로 논쟁에 참여하였다.

IV

그리스 비극에서 풀어낸 니체의 세계이해

1. 고대 그리스 비극의 세계

니체는 왜 그리스 비극 시대로 되돌아가려 했을까? 니체에게 음악은 모든 다른 예술 분야와 다른 그것을 뛰어넘는 성격과 근원을 갖는다. 그리고 니체의 비극적 사유는 철학과 예술의 사이를 오가는 통로 역할을 한다. 니체는 그리스 문화의 시원으로 되돌아가 고대 아티카 비극에서 비극적 사유의 가능성을 보았다. 고대 그리스 문화는 에게 해(Aigaios)와 그 인근의 많은 섬들로 둘러싸인 지역적 특성에서 발견할 수 있다. 기원전 2000년대로 내려오면 초기 그리스문명은 미케네(Mycenae) 문명이 일어나기 전에 크레타(Creta)라는 큰 섬에서 미노아 문명을 꽃피운 미노스 인(Minoans)들에게서 찾아 볼수 있다.

미노스 인들은 그림, 조각, 청동작품 및 도자기 등의 예술작품을 남겼다. 특히 기원전 1500년경 세워진 미노스 궁전이 훌륭한 건축물로 남아있다. 이 때 음악은 문화생활에 중요한 역할을 했을 것이라 추정만 할 수 있다. 다음으로 그리스인들의 조상인 아리아 인(Aryans)들이 있다. 이들은 서사시와 영웅담 등을 담은 『일리아드(Iliad)』, 『오디세이아(Odyssey)』 등의 작품을 남겼다. 그리고 아리아인의 한 부족인 도리아 인(Dorians)들은 그리스의 여러 도시국가들 중 하나인 스파르타를 세웠다. 당시 그리스에서는 사회적 정치적 차원에서 공동체적 관심이 표명되어 올림피아 제전 같은 범그리스적 행사들과 특정 신을 기념하는 축제들이 개최되었다. 도시와 도시간의 연대를 강화하려는 뜻으로 개최되는 곳곳의 축제나 각종의식에서는 시를 낭송할 자리를 마련해주었다.

또한 포에니키아 인(Phoenicians)인들이 마지막으로 지중해 동쪽 해안에 거주하면서 무역과 물물교환을 위해 항구를 발달시켰다. 이들은 기술과 문명의 전달자 역할을 했고, 이들 수공업자들은 숙련된 솜씨와 기술을 전수하였으며, 마치 마술처럼 보이는 의학적 시술 또한 그 근저에 깔린 종교와 신화들을 함께 전수하였다. 그들은 주로 축제에서 음악을 즐겼으며 악기들도 발달시켰다. 특히 겹 리드 파이프(double reed pipe)인 아울로스(Aulos)가 이때 처음 사용되었다.

1.1. 고대 그리스인들의 명랑성

고대 그리스인들의 근거지는 에게해를 둘러싼 지역으로서 험준한 산맥들과 척박한 평야 지대와 그 인근의 많은 섬으로 이루어져 있었으며, 기후 또한 지중해 기후로 겨울에는 간헐적으로 큰비가 내리고, 여름에는 뜨겁고 건조한 날씨가 이어지는 열악한 환경이었다. 아리스토텔레스는 이러한 환경이 다음과 같은 정치적 운명을 결정한다고 보았다.

> 고대 그리스는 뜨거운 기후와 차가운 기후의 중간 위치를 차지하고 있고, 그리하여 에너지와 지성을 동시에 누리고 있다. …. 이러한 이유로 그리스인들은 자유를 수호했고, 가장 훌륭한 정치적 제도를 운용하였다. 만약 그들이 서로 정치적 단결을 이룩할 수 있었다면, 전 세계를 지배할 수도 있었을 것이다.

고대 그리스 도시국가는 현대적 의미의 국가처럼 구획된 영토라기보다 일련의 사상과 실천을 공유하는 공동체였다. 그리스인들은 데미테르 여신의 비교 의식과 같은 종교축제나 펠로폰네소스의 올림피아에서 열리는 운동경기 등에 함께 참여하며 문화적 동질성을 가지고 있었다. 헤시오도스가 노래한 『일과 나날』을 보면 당시의 생활상 뿐만 아니라 그들의 감수성을 읽어낼 수 있다.

> 상인들이 항해에 나서는 것은 그 이익이 비참한 인생에 생활기반을 가져다

주기 때문이지만 파도 사이에서 죽어야 하는 것은 너무도 끔찍한 운명이어라.

그리스인들은 봄, 여름, 가을, 겨울 등 자연의 변화 속에서, 유년과 노년 등 인간의 삶 속에서 생성과 소멸과 같은 피할 수 없는 고통스러운 실존의 암울한 운명을 너무도 잘 알고 있었다. 그들은 태양과 환희 뒤에서 어김없이 찾아오는 삶의 불확실성과 불안전성, 죽음의 확실성, 그리고 불투명한 미래의 어두운 현실을 보았다. 이 때문에 그리스인들은 실레노스[1]의 지혜를 가지고 살았다. 전하는 이야기에 따르면 미다스 왕은 사티로스이자 디오니소스의 동반자로 현자(賢者)로 알려진 실레노스를 오랫동안 쫓아다녔다고 한다. 마침내 실레노스는 샘물에 타놓은 포도주를 마시고 취해 미다스 왕에게 잡히게 되는데, 미다스 왕은 인간에게 가장 좋은 삶이 무엇인지 묻는다. 실레노스는 다음과 같이 말한다.

> 아예 태어나지 않는 것이 무엇보다도 좋은 일이지만, 태어난 바엔/온 곳으로 속히 되돌아감이 둘째로 가장 좋은 일이다. /경망스러운 어리석음에 청춘이 지나면,/ 어떤 괴로운 불행을 면할 수 있을까? /어떤 고통이 덮치지 않을 수 있을까? /질투, 내분, 싸움, 전쟁,/ 그리고 살인. 마지막으로 누구나 싫어하는 힘없고/친구 없고, 아무도 상대하지 않는 늙음이/온갖 불행과 함께 닥쳐온다.

이처럼 실레노스가 전하는 지혜는 인간은 태어나지 않는 것이며 존재하지 않는 것이며 무(無)로 존재하는 것이다. 그러나 차선이 있다면 그것은 바로 죽는 것이다. 이러한 그들의 삶에 대한 비극적인 통찰은 염세주의적인 태도를 보여준다. 따라서 쇼펜하우어는 그리스인들이 선언했던 실레

---

1) 실레노스 [Silenus]는 일반적으로 늙은 반인반수(半人半獸) 사티로스들을 통칭한다. 디오니소스 신화와 관련하여 『변신 이야기』에는 실레노스가 디오니소스의 양육자로 언급되어 있다. 그는 머리에 덩쿨 화환을 쓰고 술잔이나 포도를 들고 있으며, 보통 술에 취한 노인 모습으로 그려진다. 실레노스는 디오니소스를 추종하는 여자들인 마이나데스와 사티로스들의 무리에 끼여 디오니소스를 따르는 행렬에 함께 하면서 그가 벌이는 향연 및 제의에 참여한다.

노스의 지혜를 염세주의라고 결론짓는다. 그러나 그의 영향을 받은 니체도 한때 실레노스의 입을 빌려 비참하고 헛된 존재이자, 가련한 우연과 시련의 자식들로 명명하는 존재론적 허무주의자였지만 후에 그는 쇼펜하우어적 염세주의를 극복하였다.

> 그리스인들의 갈수록 강해지는 욕구, 축제, 오락, 새로운 제의에 대한 욕구는 실제로 결핍, 궁핍, 우울, 고통에서 시작되었지만, 그리스인들은 추한 것에 대한 욕구, 염세주의, 비극적 신화, 삶의 근저에 놓여 있는 모든 두려운 것, 악한 것, 수수께끼와 같은 것, 파괴적인 것, 불길한 것의 형상을 향한 훌륭하고 엄격한 의지 등과 같은 비극은 기쁨으로부터, 힘으로부터, 넘쳐흐르는 건강으로부터, 과도한 충만으로부터 유래되었다고 보았다. (KGW III-1: GT, 9쪽)

니체는 그리스인들이 삶의 가혹함과 고통 그리고 악함이 존재하는 가운데서도 행복과 기쁨으로 넘쳐나는 삶의 충만함으로 이를 극복해내는 명랑성을 갖고 있다는 것을 발견하였다. 니체가 인간을 병약하게 만드는 염세주의를 극복하는 길은 기독교적 방식과는 다르게 그리스 비극을 통해 현실 세계의 욕망을 인정하고, 신성한 것으로 변용시킴으로써 가능하였다. 고대 그리스 예술은 살아 있는 참된 세계를 창출하기 때문에 아름답다. 인간은 예술에 대해 사유하는 것이 아니라 예술 그 자체 속에서 사유한다. 즉 인간은 예술을 관람하는 청중이라 보다 직접 공연에 참여하는 예술가이자 예술작품으로 존재한다.

이렇듯 그리스 문화의 특징 중 하나는 신화를 바탕으로 발전한 종교 문화에 있었다. 그리스 종교는 현세주의적 다신교로서 신화를 바탕으로 지역과 지역민의 기원에 부응하여 다양하게 발전되었다. 그리스 신화는 시대와 역사적 배경에 맞게 수정되고 첨가되고 변형되면서 거대한 문학 작품으로 집대성되었다. 신화를 가리키는 '미토스(mythos)'는 처음에는 중성적인 언어였으나, 과장되기도 하고 미화되기도 하면서 그리스인들의 삶에 파고들었다. 미토스에서 로고스로 철학의 시대에 접어들면서 합리적이고 논리적인 사고로 그들의 가치관을 정립했지만, 신화는 역사와의 모호한 경계 선상에서 여전히 인간에게 환상을 안겨주었다. 바로 그 점 때문에 비판을 받기도 하지만 로고스와 함께 미토스는 인간 언어 활동의 두 축이며, 정신적 정서적 삶의 바탕을 이루는 기능이라고 말할 수 있다. 그리스인들은 신화를 통해 꿈꾸고 생각하며 삶의 의미와 가치를 찾고자 하였다. 종교와 신화가 일치하기 시작하면서 그들의 신은 자연적, 사회적, 심리적 힘을 발휘하고 나아가 도덕적 힘이 되어 갔다. 그리스인들에게 그리스 정신을 형성하는 신화는 이를 재현한 제례의식이나 아이스킬로스 등 비극작가들의 비극과 관련이 깊다.

3대 비극시인인 아이스킬로스, 소포클레스, 에우리피데스의 작품들은 플라톤이나 아리스토텔레스의 철학보다 당시엔 훨씬 널리 알려졌으며 보다 큰 영향력을 갖고 있었다. 이들비극작품이 아테네인들에게 널리 사랑받고 영향력을 발휘한 것은 아테네 민주정의 발전기와 쇠퇴기인 기원전 5세기와 4세기를 가로지른다. 아테네에 있어서 중요한 정치적 사건인 페르시아 전쟁(B.C. 490-449)과 펠로폰네소스 전쟁(B.C. 431-404)에서 각각 승리와 패배를 경험하면서 민주정과 운명을 같이 한 비극은 당시 아테네인들의 현실인식을 반영하고 있었으며 또한 아테네에 대한 찬사를 담고 있었다.

1.2. 그리스 비극의 형식과 내용

니체의 비극 정의는 기본적으로 아리스토텔레스 『시학』의 비극의 일반적 이론을 따른다. 아리스토텔레스에 의하면 비극은 진지하고 '일정한 크기(megethos)'[2]를 가진 '완결된 행동'[3]을 모방한다. 그리고 '쾌적한 장식을

2) 크기(megethos)를 가진다는 의미는 연극의 길이를 뜻하는 것이 아니다. 호메로스는 크기를 원래 몸집

가진 언어', 즉 이야기유형을 사용하되 각종의 장식은 작품의 다른 제부분에 따로따로 삽입된다. 비극은 극적 형식[4]을 취하고 서술적 형식을 취하지 않으며, 연민(eleos)과 공포(phobos)를 환기하게 시키는 사건에 의하여 감정(pathema/pathos)의 카타르시스(katharsis, 정화)를 행한다. 그리고 전형적인 그리스 비극의 구조는 서사(Prologos), 등장가(Parodos), 삽화(Epeisodion), 정립가(Stasimon) 그리고 종막(Exodos)으로 이루어져 있다.

먼저 비극은 설명적 독백 또는 대화가 담긴 서사로 시작된다. 다음에 합창단이 노래를 부르고 춤을 추며 입장하는 등장가가 있다. 이는 합창단[5]과 관중들이 입·퇴장을 하는 오케스트라 양 측면의 이름을 따라서 붙여진 것이다. 다음 삽화는 극 중 인물들 사이 또는 극 중 인물들과 합창단 사이의 갈등을 다룬 연기 장면들로 3~6개의 정도가 들어간다. 이어 합창 가무로 어우러진 정립가가 이어받는다. 정립가는 앞서 진행된 액션에

의 크기, 사람의 키를 뜻하는 말로써 길이라기보다 높이에 관한 표현으로 사용하였다. 그것이 아리스토텔레스 시대에 와서 정신의 키와 높이 즉 정신의 크기와 위대함을 뜻하게 되었다.

3) '완결된(teleios)' 이란 형용사는 신에게 희생 제물을 바치는 동물이 흠 없이 온전하다는 뜻에서 유래되었으며 모든 열정을 다 바쳐 최선을 다해 자기를 전개하여 그 극한에 도달하는 것을 뜻한다. 모방하는 대상은 단순히 무엇을 행하는 것을 뜻하기보다는 목적의식을 갖고 행동하는 인간을 모방하는데 행동하는 인간은 필연적으로 선인(善人)이거나 악인(惡人)이다. 그런데 인간의 성격이 거의 언제나 이 두 범주에 속하는 것은 모든 인간이 덕과 부덕에 의해 그 성격이 구별되기 때문이다. 덕과 부덕의 원어는 아레테(άρετή)와 카키아(κακία)인데 원래 사물의 그 고유한 기능을 잘 발휘하는 상태와 그렇지 못한 상태를 의미하는 것으로 반드시 어떤 도덕적인 가치만을 말하는 것은 아니다. 비극과 희극도 이처럼 구별되는데, 희극은 실제 이하의 악인을 모방하려 하고, 비극은 실제 이상의 선인을 모방하려 하기 때문이다.

4) 각종 대상을 모방하는 양식들에는 1) 호메로스가 한 것처럼 때로는 서술체로, 또는 작중인물이 되어 말할 수도 있고 2) 그러한 변화 없이 처음부터 끝까지 서술체로만 말할 수 있고 3) 모든 모방자가 모든 것을 실연(實演)하게 할 수도 있다. 여기에서 극적 형식이란 행위 그 자체를 실연해 보인다는 뜻이다. 작품이 드라마(drama)라 불리게 된 것도 극 중 인물이 실제로 행동하기(dran=act) 때문이다. 서술적 형식이란 서사시를 지칭한다. 서사시와 비극은 이야기가 있다는 점에서 같지만, 서사시는 이야기를 전개하면서 설명 또는 이야기를 하지만, 비극은 드라마의 형식으로 보여준다는 점에서 차이가 있다.

5) 아리스토텔레스에 의하면 합창단(Chorus)은 노래하고 춤추는 일련의 사람들을 말한다. 비극의 합창단은 12명이었다가 기원전 5세기 중반 15명으로 증가하였다. 희극은 24명, 사티로스 극에서는 몇 명의 합창단이 등장하는지 알 수 없다. 비극에서 합창단의 역할은 극 중 인물로서 사건에 개입하여 작품의 분위기를 설정하고 연극의 분위기와 감정을 고조시키거나 반전시켜준다. 또한, 극의 리듬을 이끌어 가거나 그저 장치로서 무대 위에 서 있거나 무용으로 시각적으로 호소하기도 한다.

대해 서정적 논평을 내림으로써 무대위로 풀어가야 할 이야기들 재조명한다. 이는 합창 가무의 율동과 리듬을 통해 극이 지닌 종교 의례적 분위기를 고무하는 효과를 낸다. 이때 비극에서 가장 중요한 이야기들은 몇 개의 삽화들과 그 전후의 합창들로 풀어낸다. 삽화와 합창이 교대로 반복되다가 종막으로 극을 마무리한다. 종막은 대개 간결하고 강력하지만 비유적인 시로 인간에게 필요한 도덕적 행동을 요약함과 동시에 합창단이 오케스트라를 떠날 수 있도록 한다.

또한 비극은 그러한 극적 형식 속에서 분규(desis), 전환/변화(metabasis), 해결(lysis) 등 다양한 이야기유형들을 통해 신화적 인물의 비극적인 운명을 한 편의 극으로 완성해낸다. 즉 분규는 극 행동의 시작을 알리며, 전환/변화는 반전, 발견 그리고 파토스 등 이야기유형들이 반복과 변주를 통해 주인공이 고통을 겪는 극적 상황 속에서 결단하기까지의 과정이다. 마지막 해결은 무대 위에서 고통스럽고 파괴적인 죽음을 맞이하는 주인공이 운명을 어떻게 받아들이고 변화시켜 나가는지 보여주면서 극을 맺는다. 비극은 극도로 고양된 정신과 현안들을 다루고 있어서 극 중 인물들의 위엄과 사건의 심각성에 어울리는 형식의 언어를 요구하게 된다. 신과 영웅들이 쓰는 언어는 산문이 될 수 없으며, 그들이 쓰는 언어의 양식은 그들의 위상과 현안의 심각성을 반영할 수 있어야 한다. 그러므로 비극은 일정한 패턴이 있는 운문 구조의 언어로 고양된 정서를 반영하고, 리듬을 통해 직선적인 감정 교류를 가능하는 서사시나 서정시로 쓰였다.

비극작가들의 비극작품들은 기원전 5세기 중반에 태동한 소피스트 운동이라는 시대정신의 발로로 여겨졌다. 이를테면 아이스킬로스에게 프로메테우스는 그 시대에 미학적이고 정치적인 반역의 상징으로 비춰졌다. 또한 그들의 그리스 신화를 적극적으로 재현해내는 비극작품들은 1770년 이후 독일 근대문학에서 일어난 새로운 질풍노도의 문학적이며 철학적 운동과도 연결될 수 있다. 따라서 니체의 『비극의 탄생』 또한 당시 질풍노도의 독일의 문학적 야심들과도 암묵적으로 유사성을 보인다. 니체에 의하면 그리스 비극은 다음과 같다.

> 그리스 비극은 아폴론적 형상 세계 속에 항상 새롭게 거듭해서 자신을 방출하는 디오니소스적 합창이다. 또한 그리스 비극은 디오니소스적 상태의 객관화로서 가상 속에서의 아폴론적인 구원이 아니라 개체의 해체와 개체의 근원적인 존재와 합일을 표현한다. (KGW Ⅲ-1: GT, 58쪽)

고대 그리스 비극의 전형은 비극작가인 아이스킬로스, 소포클레스 그리고 에우리피데스에서 찾을 수 있다. 당시 그리스 비극은 대부분 잘 알려져 있었던 신과 영웅들에 관한 신화들을 소재로 하였다. 당시 호메로스 종교와 맞닿아 있는 신화는 신과 영웅에 관한 이야기들로 그리스인들에게 정치적으로나 도덕적으로 방향성을 제시해주었다. 니체에 의하면 비극은 신화의 서사적 요소인 미토스들의 수많은 변형으로 은유적으로 변장함으로써 기쁨이 넘치는 생명의 신, 디오니소스의 고통에 관해 들려주는데, 계속해서 고통당하고 찢기는 그의 운명은 극중인물들로 번갈아 가며 가면을 바꾸어 씀으로써 전개된다. 그렇게 함으로써 그는 죽음으로 몰락하는 인간의 운명을 몸소 체험한다. 비극작가들이 자신들의 개성에 맞게 이야기를 재구성하기 때문에 같은 신화라도 극적 사건이나 극중 인물을 어떻게 해석하느냐에 따라 다양한 비극작품들이 존재하였다. 그들의 비애를 자아내는 음악적인 황홀감을 노래하는 비극을 통해 꿈의 형상으로 창조되고 아폴론적인 아름다움으로 승화된다.

그리스 비극의 발전단계는 초기 아이스킬로스에서부터 에우리피데스에 이르기까지 한 몸이었던 선율, 리듬 그리고 가사 등이 어떻게 개별화되었는지 보여준다. 아이스킬로스의 작품에서 극의 주인이었던 합창단은 소포클레스의 작품에서는 조역의 역할에 머물게 된다. 그러다 합창단은 에우리피데스에 이르러 극의 주요 줄거리와는 상관없이 독립적으로 등장한다. 이렇게 합창단의 역할이 미비해지면서 노래는 점차 장식물이 되기 시작한다. 아이스킬로스는 플라톤이 『국가』(Republic)에서 가장 비판의 대상으로 삼았던 비극시인이다. 플라톤이 보기에, 아이스킬로스는 이데아를 모방하거나 왜곡시킴으로써 시민들을 현혹하고 타락시켰다. 아이스킬로스, 소포클레스로 이어진 위대한 비극의 시대는 너무 짧았고, 당시 소크라테스와 짝을 이루는 에우리피데스에 이르러 합창단의 역할이 축소되면서 비극은 죽음을 맞이하게 되었다. 기원전 5세기 말 아가톤에 의해 합창단은 조금 더 급진적인 형태로 변형되어 무대 위에서 공연되는 극과는 아무 상관없는 노래로 바뀌었다.

니체는 비극 예술작품은 그저 연극으로 존재하는 것이 아니라 현실자체를 담고 있다고 확신하였다. 비극은 세상 고통에 대한 디오니소스적 절규이며 탄식을 노래하는 단 하나의 이야기이다. 현실의 경악과 끔찍함이 고대 그리스 신화 속에 등장하는 판도라와 프로메테우스, 오이디푸스, 그리고 메데이아 등을 괴롭힌다. 이처럼 비극은 인간의 근원적인 고통을 이해하고 신들의 위대함을 보여준다. 이제 이들 비극작가들의 비극작품들 「결박된 프로메테우스」, 「오이디푸스 왕」, 그리고 「메데이아」등이 이야기 구성면에서 신화의 내용을 어떻게 수용하고 변용하였으며, 또한 극중 인물들이 그들의 운명에 맞서는 위대한 인간들의 전형과 모범을 보여주고자 했는지 살펴보게 될 것이다.

2. 「결박된 프로메테우스」에 나타난 고통

2.1. 아이스킬로스의 비극

그리스 비극 작가들은 신적 세계와 인간적 세계가 혼란스럽게 뒤섞인 모순된 세계를 해석해내는데 그들 나름의 철학을 만들어냈다. 그리스 3대 비극작가 중에서 아이스킬로스[6]가 가장 먼저 등장한다. 아이스킬로스의 비극은 갈등이 작품 전체에 중요한 유형이다. 3부작[7] 「프로메테우스」중 유일하게 완본의 형태로 전해지고 있는 아이스킬로스의 「결박된 프로메테우스」는 프로메테우스가 제우스에게 도전했다가 오랜 세월 고통을 당하는 신화를 극화한 작품이다. 아이스킬로스가 신화에 내린 비극적 해석은 신화의 놀랍고 무시무시한 공포를 제대로 헤아린 것은 아니었지만, 예술가의 생생한 기쁨, 어떠한 불운에도 굴하지 않는 예술적 창조의 명랑성을 통해 당시의 염세주의를 극복하였으며 윤리적 토대를 마련해 주었다.

헤시오도스의 신화 「프로메테우스」는 『신통기』와 『일과 나날』에서 서사 된다. 신화 「프로메테우스」가 기원전 5세기 중반에 공연한 것으로 보이는 아이스킬로스의 비극 「결박된 프로메테우스」에서 어떻게 재창조되었는지를 구체적으로 살펴본다. 아이스킬로스는 서사적인 웅장한 3부작 형식의 〈오레스테이아(Oresteia)〉를 창안하고, 이를 정착시키고 발전시켰다.

---

6) 아이스킬로스는 기원전 525/4년 아테네의 서북쪽 엘리우시스(Eleusis)에서 귀족인 에우로리온(Euphorion)의 아들로 태어났다. 그는 페르시아 전쟁(BC 490~BC 480) 당시 그리스인들의 위대한 정신을 구현했던 대표적인 작가였다. 그는 비극을 통해 독재에 맞서서 정의로운 사회를 실현하게 하고자 하는, 그리스 사회에 팽배했던 시민들의 바람을 담아냈다. 그는 그리스 비극의 형식뿐만 아니라 구조와 주제, 합창의 역할이나 극작의 수법이나 배우의 수 등 다양한 측면에서 업적들을 남겼다. 기원전 499년부터 무려 30년간 비극 경연대회에 참가하여 열세 번이나 우승을 차지하였다. 그의 작품은 73편으로 오늘날 7편만이 온전히 남아있다.

7) 아이스킬로스의 3부작「프로메테우스」는 주인공 배후에 존재하는 하나의 '신성', 즉 초월적 권능을 지닌 신의 섭리로 지배받는 인간의 역경을 웅장한 3부작으로 표현한다. 「결박된 프로메테우스」는 「해방된 프로메테우스」와 「불을 나르는 프로메테우스」와 함께 프로메테우스 3부작을 이룬다.

그는 오레스테이아를 통해 '정의(正義)'에 대한 개념적 확장을 보여주었다. 3부작 중 첫 번째 작품은 두 번째 작품의 필연적인 원인이 되며, 이는 마지막 작품을 가능하게 해준다. 이는 형식적으로 3부작으로 구성되어 독립성을 유지하면서도 내용적으로 긴밀한 연관성을 갖도록 하는 아이스킬로스만의 특징이다.

아이스킬로스는 포괄적으로 비극적 사고를 담아내기 위해 모든 것을 포용하는 원칙으로 상반되는 요구를 화해시켜 행복한 결말에 이르게 한다는 원칙을 사용한다. 처음에는 극 중 인물들이 개인적인 복수를 통해 정의를 이행한다. 하지만 이내 비인격적인 국가 권력이 행하는 정의로 대체되고 마지막에는 신들이 직접 개입하여 정의의 심판을 내린다. 그는 신과 우주에 대한 인간의 관계와 도덕적 원리에 관심이 있었다. 그는 들이 영웅들에게 부과하는 시련(pathos)들과 극 중 인물들 간의 상호 충돌을 보여주면서 '정의'가 어느 편에 서야 하는지를 묻는다.

아이스킬로스는 비극에 제2의 배우를 도입하여 갈등을 2인극으로도 표현하였다. 그에게 비극은 서정적인 합창이 변함없이 같은 역할을 담당하면서 본격적인 비극의 기반을 형성한다. 아이스킬로스 비극의 특징은 극 중 인물들과 합창단이 이중창(duo)의 양상을 띤다는 점이다. 이로써 아이스킬로스는 테스피스가 시도한 합창단이 한 명의 배우와 대사를 주고받는 기존의 형식을 깨고 공연에 제2의 배우를 추가하고, 제2의 배우의 등장을 통해 극적 갈등을 시각화한다. 이는 종래 배우 한 사람이 극의 갈등을 이야기하는 방식에서 벗어나 2명의 배우가 서로 대사를 주고받으면서 관중들에게 직접 그 갈등 현장을 보여주는 방식이다. 그리고 아이스킬로스는 종래 비극에서 50명이었던 합창단을 12명으로 대폭 줄이고 배우의 역할을 강조하여 상대적으로 합창단의 중요성이 줄어들게 되었다. 그러나 합창단이 주요 역할임에는 변함이 없었다.

그리스 비극은 관중들이 이미 알고 있는 신화나 전설을 토대로 쓰인 것이어서 이야기가 바로 전개된다. 헤시오도스의 서사시 『일과 나날』에서도 이중적 불화와 분쟁의 여신 에리스(Eris)의 존재를 그의 형제 페르세스(Perses)에게 이야기한 후에 판도라와 프로메테우스의 신화가 전해진다. 이 두 신화는 인간이 고통과 질병 그리고 죽음의 그늘 속에서 살았던 옛날을 환기시켜준다. 헤시오도스는 인간들이 견뎌냈던 모든 고통, 피로, 불행, 질병, 불안 등과 같은 것이 판도라(Pandora)의 과도한 호기심 때문이었다고 분명하게 지적한다.

실제로 판도라라는 이름은 올림포스 신들이 모든 사람들(pan)에게 재앙을 안겨줄 선물(dora)을 주었다는 뜻으로 붙여진 것이다. 만약 신화 속 여인인 판도라가 악(惡)을 가두고 있었던 항아리의 뚜껑을 열지 않았더라면, 사람들은 그 이전 황금시대처럼 죽을 운명으로 이끌어가는 고통과 힘든 일들과 고통스러운 질병이 없는 삶을 유지할 수 있었을 것이다. 지상에 내려온 판도라가 항아리 뚜껑을 열자, 슬픔과 걱정이 사방으로 흩어지고 그러한 고통을 전혀 모르고 살았던 사람들은 그때부터 재앙에 시달리게 되었다. 그러나 불행 중 다행은 판도라가 재빨리 뚜껑을 닫았기 때문에 항아리 속에는 엘피스(Elpis), 곧 희망만은 남아있게 되었다. 여기서 판도라의 항아리는 판도라의 마음, 곧 우리 인간 모두의 마음을 상징하는 것처럼 보인다. 인간의 행복과 불행은 우리 마음에 달려있기 때문이다. 따라서 판도라가 남겨준 지혜는 인간에게 재앙이 될 수도 있지만, 축복이 될 수도 있다.

2.2. 프로메테우스의 고통의 능동성

신화 「프로메테우스」는 변용되어 비극 「결박된 프로메테우스」에서 어떤 전형과 모범으로 형상화되어 등장한다. 그리스 신화에서는 인간의 창조에 대한 다양한 견해가 있지만, 인간이 프로메테우스에 의해 흙과 물 또는 흙으로부터 창조되었다는 내용이 가장 많이 회자되고 있다. 니체는 프로메테우스 자신이 생성의 고통을 알면서도 인간들을 창조하고, 절대 권력자 제우스에게 도전하는 영웅적 이미지를 가지고 있다고 생각하였다. 따라서 프로메테우스의 근원적인 고통은 인간에 대한 프로메테우스의 거인적인 사랑에 기인한 것이다.

프로메테우스의 속임수[8]에 화가 난 제우스는 인간을 파멸시키려고 인간에게 불을 빼앗아 버린다. 인간의 잘못이 아니라 프로메테우스의 속임수 때문에 인간이 형벌을 받게 된 것이다. 인간의 어려운 상황을 알게 된 프로메테우스는 바로 불을 훔쳐 물푸레나무 대롱 속에 담아 인간에게 갖다 주었다. 프로메테우스는 불을 훔친 죄로 독수리에 의해 매일 간을 찢겨야 하는 형벌을 받게 된다. 프로메테우스는 인간에게 불과 지혜를 선사해 주었으나, 제우스와 대결하려 했던 그의 무모함은 인간에게 또 다른 고통을 안겨주었다. 그 후 제우스는 가혹하게도 인간의 먹을 것들을 감춰버렸고 그로 인해 인간은 먹고 살기위해 평생 일하는 고통을 얻게 되었다.

비극 「결박된 프로메테우스」는 프로메테우스를 중심에 놓고 여러 캐릭터, 즉 오케아노스의 딸들, 오케아노스, 이오, 헤르메스가 차례로 등장하면서 프로메테우스와 대화를 나누며 프로메테우스의 운명을 동정하거나, 프로메테우스를 설득하거나 위협하는 가운데 작품 전체의 이야기를

---

8) 헤시오도스에 의하면 프로메테우스의 속임수는 다음과 같다. 펠로폰네소스 반도 북쪽의 메코네(Mekone)에서 희생 제물인 소의 어느 부분을 신들에게 바치고 어느 부분을 인간의 몫으로 할 것인가 하는 문제를 놓고 신들 사이에서 논쟁이 벌어졌다. 프로메테우스는 이 문제의 해결자로 나섰다. 프로메테우스는 소를 잡아 뼈를 바른 다음 신의 몫과 인간의 몫을 나누기 위해 한쪽에는 살과 내장을 담아 소의 위에 싸서 놓고 다른 쪽에는 뼈를 번질번질한 기름으로 싸서 놓았다. 나눈 몫이 고르지 않은 것을 보고 제우스가 불공평하다며 나무라자, 프로메테우스는 제우스에게 그가 먼저 마음 내키는 대로 선택하라고 제안하였다. 제우스는 프로메테우스의 속임수를 알면서도 먹음직스럽게 기름에 싼 쪽을 선택하였다. 그 후부터 뼈와 기름은 신에게 바치는 몫이 되었고, 고기는 인간의 몫이 되었다. 이러한 희생 제물 속임수와 불을 훔친 사건을 주도한 프로메테우스를 처벌하기 위해 제우스는 헤파이토스와 아테나에게 명령하여 그를 괴롭힐 여자, 판도라를 만들게 했다고 전해진다.

구성한다. 먼저 서사에서 프로메테우스가 불을 훔쳐 인간에게 선사한 죄로 바위에 결박당하는 이야기로 시작한다. 그리고 등장하는 바다의 신 오케아노스의 딸들이 프로메테우스를 찾아와 그의 운명을 동정한다. 이어서 오케아노스는 프로메테우스에게 제우스신에게 사과하고 화해하라고 조언하지만 설득하지 못한다. 갑자기 등장하는 알고스 왕의 공주 이오에게 프로메테우스는 그녀의 운명을 예언한다. 이때 프로메테우스가 제우스신의 파멸[9]에 대한 비밀을 알고 있다는 사실이 드러난다. 그의 예언을 들은 헤르메스는 프로메테우스를 회유하고 협박하여 그 비밀을 알아내려 하지만 끝내 알아내지 못한다. 갑자기 대지가 갈라지며 오케아노스의 딸들과 더불어 프로메테우스가 땅 밑으로 추락하는 것으로 이야기는 끝난다. 이렇듯 프로메테우스가 결박되는 첫 장면과 대지에 삼켜져 추락하는 장면에서 파괴와 고통을 불러일으키는 격정적 효과를 드러낸다.

2.2.1. 서사(Prologos): 결박당하는 프로메테우스

먼저 서사의 무대에는 높은 산과 커다란 바위가 있고 제우스의 시종들인 힘과 폭력이 포로로 프로메테우스를 데리고 등장한다.

> 힘(kratos)…… 여기 주제넘은 자를 강철 사슬의/부술 수 없는 족쇄로 높고 가파른 바위에/붙들어 매란 말이오. 그자는 그대의 꽃을, / 무엇이든 만들어내는 불의 광채를 훔쳐내/ 필멸(必滅)의 인간에게 주었기 때문이오. /그 죗값으

9) 알고스 왕의 공주인 이오는 제우스의 사랑을 받아 제우스의 아내 헤라의 분노를 사고 있었다. 그녀의 운명은 헤라의 질투로 인해 끝내는 암소가 되어 괴로움을 받아야만 하는 신세였다. 프로메테우스는 이오를 향하여 그녀의 장래 운명을 미리 예고해 준다. 그 말에 의하면, 그녀의 자손이 프로메테우스를 고통으로부터 구원해 주고 제우스는 신들의 왕좌로부터 추방되고 결혼을 하게 될 것이라는 예언이었다. 그러나 프로메테우스의 신화에서 제우스신이 프로메테우스에게 분노한 것은 정의로운 일이었다. 감히 제우스의 파멸을 논할 수는 없다. 왜냐하면 프로메테우스가 제사 때 속임수를 쓰고 불을 훔치려 한 계획은 누구보다도 간교한 행동으로 비친다. 따라서 프로메테우스의 영리함은 지략이 뛰어나고 판단이 빠르다는 표현보다는 음모를 꾸미고, 교활한 모습으로 정의롭지 못했으며 제우스의 예지는 정의로운 것이며 누구도 제우스를 속인다면 그의 분노를 피할 수는 없었다.

로 그자는 신들에게 벌을 받아 마땅하오. 그래야만 그자는 제우스의 통치에 순응하여 인간을 사랑하는 태도를 버리는 법을 배울 테니까요

(「결박된 프로메테우스」, 4~11행)

프로메테우스는 불을 훔친 죄로 제우스에게 벌을 받게 된다. 아이스킬로스는 프로메테우스의 두 가지 위반 중에서 희생 제물을 속인 사건에 대해서는 의도적으로 침묵하고 있다. 그는 헤시오도스의 프로메테우스에 나타난 속임수의 전형을 억제하고 프로메테우스를 비극 장르에 어울리는 인물로 형상화하고자 하였다. 불의 신이며 대장간의 신이기도 한 헤파이토스는 그들과는 달리 프로메테우스를 동정한다. 하지만 그 또한 제우스의 명령에 따를 수밖에 없다. 그는 쇠사슬로 프로메테우스를 바위에 결박하고 제우스의 하수인들과 함께 퇴장한다. 혼자 남은 프로메테우스는 오랫동안 침묵한 후 자연을 부르며 저항 의지를 북돋운다.

여기서 보여주는 변용은 다음과 같다. 헤시오도스의 프로메테우스는 기둥에 사슬로 결박되어 그의 간을 독수리에게 쪼아 먹히는 벌을 받는다. 그런데 아이스킬로스의 프로메테우스는 기둥이 아니라 바위에 결박된다. 그리고 프로메테우스가 벌을 받게 된 이유가 불을 훔쳤기 때문이 아니라, 제우스를 파멸시킬 수 있는 비밀을 말하지 않았기 때문이다. 그는 타르타로스로 추방당한 이후 지상에 올라와서 벌을 받게 된다. 이러한 변용으로 아이스킬로스는 프로메테우스를 제우스의 폭압적 권력에도 항거하는 불굴의 의지를 소유한 영웅으로 해석한다.

2.2.2. 제1 삽화(Epeisodion): 프로메테우스의 불행

제1 삽화에서 오케아노스의 딸들이 프로메테우스에게 접근하고 그를 보자마자 동정의 눈물을 흘린다. 무슨 잘못으로 이런 고통을 당하는지 묻자 그는 이렇게 대답한다. 프로메테우스가 티탄족 신과 올림포스 신들과

의 불화가 일어났을 때 자신이 티탄족 신들에게 현명하고 신묘한 조언을 했으나, 이를 무시한 티탄족 신들이 무력으로 세계의 주인이 될 수 있을 것이라 믿었다. 어머니 가이아에게서 폭력이 아닌 지략으로 승리한다는 예언을 들은 프로메테우스는 제우스를 도와 올림포스 신들이 승리하게 하였다.

> 프로메테우스: 모두 다 내가 주었다/ 그가 가진 것 모두를, 그런데 그 보답으로 그는 나를 여기 묶어/ 수많은 세월 동안 밤낮으로 묶어두고 있구나/ 태양이/ 타 들어가는 내 살갗을 갈라지게 하거나, 달밤이/ 수정 날개의 눈이 내 머리카락 주변에 달라붙거나 하는데/ 그동안 내 사랑하는 인간은 짓밟히는구나/그의 생각을 받드는 앞잡이들에 의해서./ 그것이 폭군의 보답이로구나.
>
> (「결박된 프로메테우스」, 380~88행)

프로메테우스 불행은 이처럼 제우스 편에서 티탄족 신들과 싸워 이길 수 있게 제우스를 도와주었는데, 그가 인간 종족을 말살하려 하자 프로메테우스는 제우스에게 반기를 들면서 시작된다. 프로메테우스는 신들 가운데 프로메테우스만이 인간들에게 친절했고 인간을 유난히 동정했기에 그는 제우스의 적이 되어 고난을 자초한 것이다.

이때의 변용으로 프로메테우스의 계보가 바뀐다. 헤시오도스의 프로메테우스는 티탄족인 이아페토스(Iapetos)와 바다의 님프 클리메네(Klymene)의 아들이다. 그런데 프로메테우스의 어머니는 가이아(Gaia), 게(Ge) 또는 데미스(Themis)의 아들로 그려지는데, 프로메테우스는 분명 티탄(Titan)이다. 프로메테우스의 서열은 제우스가 티탄족 크로노스(Kronos) 아들이기 때문에 자연히 더 높아진다. 따라서 프로메테우스와 제우스의 갈등은 티탄족 아들들의 갈등이 아니라 티탄의 시대가 끝나고 인간과 신이 갈라서게 되었을 때 티탄족과 올림푸스 신족이 벌인 구세대와 신세대의 갈등이다. 이러한 투쟁은 아이스킬로스 오레스테이아 3부작 마지막 「자비로운 여신들」에서 구세대의 복수의 여신들과 신세대의 아폴론과 아테네 사이의 갈등과 화해를 떠올리게 한다. 여기서 변용은 헤시오도스의 신화 프로메테우스에서 티탄의 조언자는 어머니 가이아였지만 비극에서는 티탄족의 조언자는 프로메테우스 자신이라는 사실이다.

2.2.3. 제2 삽화(Epeisodion): 프로메테우스의 반항

제2 삽화에서 오케아노스가 날개 달린 말을 타고 나타나 프로메테우스의 불행을 동정하며 그가 친구라는 사실을 강조한다. 프로메테우스는 제우스를 도와준 자신이 어떤 고문을 당하는지 보라고 말한다. 이에 오케아노스는 제우스와 싸우는 것은 위험한 일이니 제우스에게 사과하고 화해하라고 조언한다. 프로메테우스는 그의 충고를 단번에 거절한다. 이 장면도 작품 전반에 걸쳐 묘사된 제우스의 부정적인 모습이다. 새로이 우주의 권력을 쥔 제우스는 정의롭고 자비로운 통치자가 아니라 가혹한 '독재자(monarchos)' 이거나 '참주(tou tyrannou)'로 그려지고 있다. 프로메테우스는 제우스가 가혹하고 제멋대로 정의를 행사한다고 강조한다. 제우스의 시종 '힘' 조차도 제우스 이외에는 아무도 자유롭지 못하다고 고백할 정도이다. 헤파이토스도 제우스를 빗대어 새로 권력을 쥔 자는 누구든지 가혹한 법이라고 말한다. 오케아노스 딸들의 눈에 비친 제우스의 모습도 비슷하다. 제우스는 악의에 차 언제나 '굽힐 줄 모르는 마음을 품고' 아무도 다가갈 수 없는 기질과 설득할 수 없는 마음을 가진 참주로서 제우스의 모습은 프로메테우스의 고난에 의해 더욱 부각된다. 제우스는 정권 창출의 공로가 큰 프로메테우스를 불신하고 박해하는 배은망덕을 저질렀기 때문이다. 프로메테우스는 친구 제우스를 도와 그의 참주정권을 세우고 새로운 신들에게 특권을 나눠주지만, 오히려 제우스에게 박해를 당하였다. 이처럼 제우스의 참주정은 친구를 믿지 못하는 병에 걸려 있다. 제우스의 박해를 겪지만, 프로메테우스는 자기 의사를 솔직하게 표현한다.

> 합창단 그대는 용감하게도 쓰라린 고통에
> 조금도 굴하지 않고 거리낌 없이 말하는군요
>
> (「결박된 프로메테우스」, 178~80행)

이처럼 아이스킬로스의 프로메테우스는 통치자에게 아첨하지 않고 솔직하게 의사를 표현하고 바른 조언을 하는 테미스(Themis)의 아들로 묘사된다. 오케아노스 장면에서 제우스는 참주로 부정의 전형으로, 경고의 모델이다. 반면 프로메테우스는 제우스의 참주정치에 저항하는 전형이자 모범이다.

2.2.4. 제3 삽화(Epeisodion): 프로메테우스의 추락

제3 삽화에서 오케아노스가 퇴장한 후 프로메테우스는 침묵을 깨고 인간에게 어떤 선물을 주었는지 이야기한다. 아이스킬로스는 프로메테우스가 인간에게 불 뿐 아니라 과학, 예술, 지혜를 가져다 준 인간의 은인으로 그리고 있다. 이를테면 그는 햇빛도 들지 않는 토굴에 살았던 인간에게 집 짓는 방법을 가르쳐주었고, 별 보는 천문학을, 온갖 질병도 치유할 수 있는 의술을, 그리고 청동이며 무쇠이며 은이며 금들의 각종 야금술을 전수해주었다. 인간의 사고력과 지적 능력 등 모든 기술과 수단은 그가 발명해서 인간에게 준 것이었다. 프로메테우스의 은혜로 인간은 무지와 야만에서 벗어나 문명을 발전시켰다. 그런데 헤시오도스는 인간 문명에 대해 크로노스의 황금시대 이후로 인간의 삶이 퇴보했다고 설명한다. 프로메테우스는 인류에게 문명을 가르쳐 인간 스스로 문명을 발전시킬 수 있도록 한 것이다.

2.2.5. 종막(Exodos): 프로메테우스의 의지

> 희망이 무한하다고 생각하는 슬픔을 참아내고/ 죽음이나 밤보다 어두운 악행을 용서하고/전능한 것처럼 보이는 권세에 저항하고/사랑하고 견디고;희망이 그 자체의 폐허에서/그가 보는 바로 그것을 만들어 낼 때까지 희망하기를/변하지도, 주저하지도, 후회하지도 말지니/ 거인족이시여!/그대의 영광처럼 이는/선하고 위대하고 유쾌하며, 아름답고 자유로운 것이니/이것만이 삶이요 기쁨이요, 왕국이며 승리리라! (「결박된 프로메테우스」, 570~78행)

종막에서 프로메테우스의 해방은 제3자의 개입에 의해서가 아니라 제우스의 원한과 저주를 스스로 철회하는 도덕적 결단에 의해 이루어진다. 프로메테우스의 결단과 의지는 미워하는 적에게 고통을 당하는 것이 치욕이 아니라고 하며 번개로 맞춰 타르타로스(Tartarus, 지하세계)로 던지라고 명령할 정도이다. 그리고 하늘을 향해 외치며 제우스의 부당한 박해를 고발한다. 이렇게 프로메테우스는 절대 권력에 저항한다. 물론 이러한 그의 결단이나 자기 본위는 부정적 성격이지만 이 강렬한 성격을 역설적으로 결합하여 비극의 주인공으로 형상화되었다. 마침내 천둥소리와 함께 땅이 쩍 갈라지더니 프로메테우스는 오케아노스의 딸과 함께 타르타로스로 추락한다. 이처럼 그의 의지는 인간이 스스로를 지배하고 외부환경을 지배하는 인간의 의지의 표현이다. 죽음, 우연, 무상함 등은 극복될 수 없다 하더라도 인간이 만들어 낸 악이 제거될 수 있다면 인간은 자신의 고난을 덜어냄으로써 삶의 안전과 행복에 변함없는 도움이 될 것이다.

2.3. 프로메테우스의 전형과 모범

헤시오도스의 신화 「프로메테우스」와 아이스킬로스의 비극 「결박된 프로메테우스」에서 주인공 프로메테우스를 서로 비교하면 프로메테우스가 티탄의 아들에서 티탄으로 격상되었다. 따라서 아이스킬로스의 프로메테우스는 물리적 힘에 대한 정신적 힘을 표상하고 있으며, 인간을 구원하고 계몽하며 폭압적 권력에 저항하는 모범이자 전형으로 그려졌다.

특히 프로메테우스가 소피스트로 그려져 있다는 사실이 흥미롭다. 소피스트, 즉 소피스테스(Sophistes)라는 말은 지자(知者)로서 인간 지식의 진보를 함축한다. 기원전 5세기부터 소피스트는 당시 호메로스와 헤시오도스와 같은 시인, 예언자, 일곱 현인, 철학자들 그리고 프로메테우스를 지칭한다. 이는 과거의 경멸적 의미가 사라지고 명예로운 전통의 계승자라는 뜻이다. 관중은 프로메테우스를 불을 훔쳐 인간에게 전달하고 인간 문명의 제반 조건을 충족하는 지식과 기술을 전수하는 모범적 태도를 구현한 소피스트로 인식한다. 게다가 프로메테우스는 변함없이 인간을 사랑하는 신성 때문에 두드러진다. 신들의 측면에서 보면 프로메테우스는 인간을 사랑하는 어리석은 짓을 저질러 신의 특권을 박탈당한 신이다. 제우스의 시종인 힘은 프로메테우스가 인간을 사랑하는 태도를 비난하며 그의 처벌을 정당화한다.

헤파이토스도 프로메테우스의 인간 사랑이 지금의 불행을 낳았다고 하며 인간에게 과분한 명예를 주었음을 강조한다. 헤르메스도 프로메테우스가 '신들에게 죄를 짓고 하루살이 인간에게 불을 주었다'고 비난한다. 그러나 인간의 처지에서 보면 프로메테우스의 사랑은 동정심과 관대함의 표현인 것이다. 따라서 프로메테우스는 헤파이토스가 말한 것처럼 불을 훔쳐 인간에게 불행을 가져온 속임수꾼이 아니라 인간 에게 문명의 조건인 기술과 지력을 전수하여 파멸에서 구해낸 구원자이다.

제3 삽화에서 오케아노스가 퇴장하고 이 작품의 유일한 인간인 이오가 프로메테우스 앞에 등장한다. 그녀는 제우스의 사랑을 받아 헤라 여신의 미움을 사서 소의 모습으로 쇠파리에 시달리고 방랑에 방랑을 거듭하며 온갖 고통을 겪다가 바위에 결박된 프로메테우스를 만난다. 이 장면에서 제우스의 또 다른 부정적인 모습이 나타난다. 무절제한 욕정으로 이오와 사랑을 하지만 그녀가 온 세상을 방랑하게 만든 고약한 구혼자이기 때문이다. 그렇게 고통받는 이오에게 프로메테우스는 이오의 미래를 예언한다. 그의 예언은 이오가 오랜 방랑을 마치고 이집트에서 구원을 받게 된다는 것이다. 또한 그곳에서 이오는 그녀의 광증이 치료되고 제우스의 아들 에파포스를 출산하게 된다는 것이다.

여기서 이오의 등장은 예기치 못한 일이다. 이전의 전통 신화에서는 프로메테우스 신화와 이오 신화는 서로 아무런 연관이 없기 때문이다. 그런데 비극 「결박된 프로메테우스」에서 두 신화가 융합된다. 아이스킬로스가 프로메테우스 신화에 이오 신화를 도입한 이유가 무엇일까? 그것은 프로메테우스와 이오, 모두가 제우스의 희생자라는 공통점과 프로메테우스와 인간의 연대를 부각하려는 의도이다. 프로메테우스는 제우스의 폭압적 권력에 의해, 이오는 제우스의 무분별한 성적 욕망으로 고통받는 것이다. 또 이오가 고난에서 해방된다고 예언한 프로메테우스는 이오의 후손인 헤라클레스에 의해 해방될 것이다. 이오는 인간실존의 비극적 조건과 인간의 비극적 운명을 함께 보여주는 전형이다.

프로메테우스가 제우스의 파멸에 대한 비밀을 알고 있다는 점이 제우스와 화해하게 되는 전제가 된다. 헤시오도스도 프로메테우스의 해방에 대해 말한다. 헤라클레스가 독수리를 죽여 프로메테우스를 재앙에서 구해주고 고뇌에서 벗어나게 하는데 이러한 해방은 제우스가 노여움을 풀고 아들 헤라클레스의 명성을 높이려고 계획한 것이다. 비극 「결박된 프로메테우스」는 이오의 자손 중 하나가 프로메테우스를 풀어준다고 한다. 그런데 이오의 등장은 제우스가 성적 욕망으로 인해 파멸할 수 있음을 암시한다. 이러한 파멸에 대한 비밀을 알고 있는 자가 바로 프로메테우스이다.

신화의 프로메테우스는 제우스의 비밀을 아는 자는 가이아와 우라노스였다. 가이아와 우라노스의 조언에 따라서 제우스는 자신을 물리칠 아들을 낳을 부인 테티스를 삼켜서 파멸을 피한다. 비극의 프로메테우스는 지금 제우스의 박해를 받고 있지만, 제우스의 파멸에 대한 비밀을 알고 있기에 제우스보다 우세할 수 있다. 그 때문에 전반에 걸쳐 두루 극적 긴장이 유지된다. 비극에서 예언 능력을 갖춘 프로메테우스의 정신적 힘이 강조되는데 이는 프로메테우스를 지혜의 모범으로 형상화하는 의도라 할 수 있다. 프로메테우스가 제우스 파멸의 비밀을 알고 있다는 사실이 알려지자 헤르메스는 프로메테우스 앞에 나타나서 회유하고 협박하며 그 비밀을 캐내려고 한다. 프로메테우스가 거절하자 헤르메스는 이렇게 비난한다.

> 헤르메스: 하지만 그대는 어떻게 절제할지를 모르고 있군. (「결박된 프로메테우스」, 982행)
>
> 헤르메스: 지혜를 따르지 않는 고집은
>
> 헤르메스: 그 자체로 힘이 허약하기 짝이 없으니 말이오(「결박된 프로메테우스」, 1012~13행)
>
> 헤르메스: 그러니 그대는 이모저모 잘 생각해보고 심사숙고하되 좋은 조언보다 고집이 낫다고 생각하지 마시오 (「결박된 프로메테우스」, 1034~35행)

이처럼 프로메테우스가 절제할 줄 모르고 지혜를 따르지 않는 고집을 부리며 좋은 조언보다는 고집을 우선한다는 것이다. 프로메테우스의 운명에 동정적인 오케아노스의 딸들도 헤르메스의 비난에 동의하면서 프로메테우스에게 잘못을 고치라고 조언한다.

> 합창단: 그대더러 고집을 버리고 현명한 조언을 구하라 하니 말이에요. 그의 말대로 하세요
>
> 지혜로운 자에게는 실수한다는 것이 수치예요

(「결박된 프로메테우스」, 1037~39행)

위 인용문에서 잘 나타나 있듯이, 프로메테우스의 성격은 아우타디아(authadia)라는 개념으로 설명될 수 있다. 라이델과 스콧(Lidell & Scott)에 의하면 아우타디아는 타협을 거부하고 자기 행동을 조절하지 못한다는 뜻이다. 작품의 초반에도 프로메테우스는 제우스의 파멸에 대한 비밀을 드러내지 않겠다고 말한다. 헤르메스의 말처럼 프로메테우스는 현재의 고통을 오히려 감내하고 즐길 정도로 고집 센 모습을 보여준다. 헤르메스가 설득하고, 회유하며 협박하지만, 프로메테우스는 저항 의지를 굽히지 않는다.

> 프로메테우스: 그 어떤 것도 누가 권좌에서 그를 축출할지 말해주도록 나를 굽힐 수는 없을 것이네 (「결박된 프로메테우스」, 995~96행)

그래서 니체에게 프로메테우스는 디오니소스의 가면을 쓴 숭고하고 비극적인 영웅이다. 니체는 아이스킬로스가 「결박된 프로메테우스」에서 비극을 통해 삶의 의지 경계를 뛰어넘으려는 행위 즉 '모독'과 '고통'을 표현하려 했다고 생각하였다. 프로메테우스는 바로 니체가 말하는 디오니소스였다. 그러나 아이스킬로스는 '도덕적 목표'가 뚜렷한 종교적 작가였다. 그의 비극은 주로 도덕적 문제들이 주된 목표였기 때문에 비극에서 극 중 인물들의 성격들은 그다지 드러나지 않는다. 니체는 『비극의 탄생』에서 비극 「결박된 프로메테우스」에 대해 다음과 같이 기술하였다.

> 그러므로 아이스킬로스의 프로메테우스가 가진 이중성 즉 디오니소스적이며 동시에 아폴론적인 그의 성격은 다음과 같은 공식의 개념으로 표현될 수 있다. 현존하는 모든 것은 정당하며 부당하다. 두 가지 면에서 동등한 자격을 가지고 있다. 이것이 너의 세계다! 그것이 세계라 불릴 것이다.
>
> (KGW III-1: GT, 24~25쪽)

니체는 "모든 존재하는 것은 정의롭고 동시에 정의롭지 않으며 이 양자 안에서 동등한 권리를 가지고 있다."라고 결론지었다. 아이스킬로스의 비극작품은 운명에 맞선 인간의 고뇌를 시각적 효과와 함께 다루며 서사시와 같은 고유의 양식으로 구성되어있다. 아이스킬로스는 개인의 운명, 즉 인간의 수난을 극적인 형식으로 구체화하였다. 아이스킬로스 비극작품 속의 극 중 인물들은 신의 어쩔 수 없는 힘으로 의지가 좌절하거나 신탁을 충실히 이행하는 신화적이고 위버멘쉬적인 성향을 띤다. 이는 극적 행동이 유발되는 인물들로서, 아이스킬로스가 엄청난 장경을 추구했던 것과 연결 지어 생각해볼 수 있다. 고대 그리스인들에게 앞서 말한 정의가 화해에 있다는 것을 알게 되는 것은 고통은 영원히 끝나지 않는 인간의 조건이며 이를 겪으면서 지혜를 얻고 그럼으로써 화해라는 정의를 성취할 수 있게 된다. 그들은 비극에서 합창단을 강조하고 시각적인 효과와 현란한 춤과 의상으로 웅대함을 완성하고자 하였다. 합창단은 즐거운 피날레(joyful finale)를 장식하며 고통을 축제적 즐거움으로 승화시키는 작용을 한다.

3. 「오이디푸스 왕」에 나타난 운명

3.1. 소포클레스의 비극

아리스토텔레스에 의하면 세 명의 비극작가 중 소포클레스가 그리스 비극의 정신을 가장 온전히 대변하고 있다고 하였다. 니체도 소포클레스를 위대한 비극작가로 손꼽는다. 소포클레스는 그리스 비극작가 중에서 가장 정교한 이야기를 만든 작가로 평가받는다. 그가 만든 비극의 발단에는 이야기가 진행되어 온 과정이 포함되어 있으므로 등장인물들의 행위에 대한 동기가 부여된다. 이후 극은 절정으로 치닫게 된다. 그의 극은 아이스킬로스와 비교하면 시각적 효과는 적지만 시의 아름다움과 극 행위 자체에서 나오는 모습이 장관을 이루었다. 소포클레스는 제3의 배우를 등장시켜 극의 사건을 사자(使者)의 보고에 의존하지 않고 무대에서 직접 행해지게 하여 극 행위의 복잡성(complication)을 더하였다. 또한, 합창단의 인원을 12명에서 15명까지 늘려서 무대를 화려하게 꾸몄으나 합창단의 역할보다는 주인공에게 더 중점을 두었다. 이처럼 연극에서 극 중 인물의 수가 늘어난 사실은 줄거리 전개와 극 중 인물 상호 간의 갈등 등의 표현에서 극적 흥미를 고조시키고 보다 풍부한 의미를 더해준다는 것을 뜻한다.

소포클레스는 아이스킬로스의 서정적 명상보다는 행동을 선호했으며 합창은 자체적으로 시 역할을 하였다. 소포클레스는 인간을 중심에 둠으로써 그리스 비극을 인간화하는데 이바지하였다. 아이스킬로스가 극 중 신화적인 인물을 다루고 있지만, 소포클레스는 극 중 인물 개개인의 성격을 논리적으로 풀어냈다. 소포클레스는 투쟁과 고통 속에 몸부림치는 인간의 위대함을 잘 묘사하였다. 인간이 인간의 운명을 다스리는 신들에게 과오를 범했을 때도 '인간'의 존엄성을 높게 생각하였다. 따라서 소포클레스의 비극에서 사용되는 언어는 '자연의 끔찍한 것'을 구분하는 장치에 불과하였다. 이런 의미에서 니체는 소포클레스가 신들을 더 인간적이고 보다 사실적으로 그려냈기 때문에 그의 비극의 주인공들을 개별화의 가면을 쓴 인물들이라 이해하였다.

3.2. 오이디푸스의 운명의 수동성

기원전 468년 비극 경연대회에서 최고상을 획득한 것을 비롯해 무려 24번에 걸쳐 경연대회에서 수상한 소포클레스는 모두 123편의 비극작품을 썼지만, 다음의 7편만[10)]이 오늘날 전해지고 있다. 가장 널리 알려진 작품은 「안티고네」와 「오이디푸스 왕」이다. 니체는 소포클레스의 비극 「오이디푸스 왕」에서 그리스적 명랑성의 개념을 찾아내었다. 소포클레스는 그리스 비극에서 가장 불행하고 비극적인 인물인 오이디푸스를 고귀한 인간으로 해석하였다. 오이디푸스는 지혜로움에도 불구하고 과오를 범하고 비참한 처지에 처할 운명을 타고난 인물이지만 가혹한 고난을 거치고 난 후 자기 주변에 복된 마력을 발휘한다. 이러한 그의 마력은 그의 죽음이후에도 지속적인 영향을 미친다.

오이디푸스와 관련된 신화적 배경을 살펴보면 오이디푸스는 고대 그리스의 도시 테베의 왕 라이오스와 왕비 이오카스테의 아들로 태어나지만, 장차 그의 아버지를 죽이고 또한 그의 어머니와 결혼한다는 신탁을 받음으로 인해 부모로부터 버림받는다. 코린토스의 왕 폴리부스와 왕비 메로페의 아들로 자라게 된 그는 스핑크스의 수수께끼를 풀었던 과도한 지혜 때문에 범행의 어지러운 소용돌이 안으로 들어가야 하였다. 즉 오이디푸스는 가혹한 숙명으로 인해 친아버지인 줄 모르고, 테베의 왕 라이오스를 죽이게 된다. 그리고 테베에 걸린 수수께끼를 풀고 사람 머리에 사자 몸을 한 괴물 스핑크스를 물리치고 테베의 영웅이 된다. 그러나 그는 친어머니인 줄도 모르고 이오카스테와 결혼하는 비극적 운명을 피하지는 못한다.

신화 「오이디푸스」는 우리가 알고 있는 비극 「오이디푸스 왕」과는 상당한 차이가 있다. 이를테면 오이디푸스의 실명이나 그의 추방 그리고 근친혼으로 낳은 자식들은 신화에 나타나지 않는다. 무엇보다도 오이디푸스가 진실을 발견하는 시점이 다르다. 신화 「오이디푸스」에 의하면 오이디푸스의 부친 살해와 근친혼을 신들이 바로 인간들에게 알렸다고 한다.

---

10) 소포클레스의 대표작으로는 「아이아스(Aias)」(BC 450~BC 440), 「안티고네(Antigone)」(BC 441), 「오이디푸스 왕(King Oedipus)」(BC 430~BC 425), 「엘렉트라(Electra)」(BC 418~BC 410), 「트라키니아의 여인들(Trachiniae)」(BC 413), 「필록테테스(Philoctetes)」(BC 409), 「콜로너스의 오이디푸스(Oedipus at Colonus)」(BC 406)이다. 이외에 사티로스 극인 「추적자(The Trackers)」의 일부분이 남아 있다.

그리고 신화에서 이오카스테도 오이디푸스와의 신혼 초야에 그의 발목에 난 상흔을 알아보고 오이디푸스가 아들임을 발견하였다는 것이다.

이러한 신화 속에는 인간으로 헤아릴 수 없는 신의 의지가 분명하게 드러난다. 이를 피하려는 인간의 노력 또한 모두 허사로 돌아간다. 지혜라는 것, 특히 오이디푸스적 지혜라는 것은 자연을 거역하는 하나의 만행이고. 자신의 지혜로 자연을 파멸의 심연으로 빠뜨리는 자는 그 자신에 의해 자연이 해체되는 것을 감당해야 한다. 후에 신화 「오이디푸스」를 배경으로 한 다양한 그리스 비극들이 호메로스, 아이스킬로스, 에우리피데스, 소포클레스, 그리고 세네카에 이르기까지 고대 그리스 로마 작가들을 통해 관련 신화가 다양하게 전해 내려오고 있다.

신화 「오이디푸스」는 호메로스의 『오디세이아』에서 서사시로, 또는 아이스킬로스의 테베 3부작 「라오스」, 「오이디푸스」, 「테베를 공격하는 일곱장수들」에서, 소포클레스의 「오이디푸스 왕」에서 새롭게 비극으로 수용되고 변형되어 나타났다. 소포클레스의 테베의 3부작인 「오이디푸스 왕」, 「클로노스의 오이디푸스」와 「안티고네」 이들 세 작품은 시간적 흐름에 따라 같은 신화를 다루고 있지만, 극적인 관련성이 매우 적다. 소포클레스의 비극은 이야기가 진행되는 동안 주인공의 현재 과오를 다루는 것이 아니라, 과거에 일어났던 주인공의 과오를 주로 다루고 있다. 따라서 사건이 과거, 현재, 미래라는 시간의 흐름에 따라 진행되는 것이 아니라 피드백 형식을 취한다.

이제 아테네 정신의 진수라는 평을 받는 소포클레스의 대표작 「오이디푸스 왕」을 이야기의 구성, 극중 인물 그리고 합창단을 중심으로 살펴보려 한다. 「오이디푸스 왕」은 군더더기가 전혀 없는 압축된 구조 속에서 사건은 반전에 반전을 거듭하며, 모든 내용이 빈틈없는 인과관계의 맥락 속에서 치밀하게 전개된다.

먼저 이야기의 구성면에서 살펴보면, 비극의 서사는 테베에 닥친 재앙을 퇴치해 달라고 요청하는 시민과 청원을 듣는 오이디푸스와의 대화로 시작한다. 삽화의 1부에서 크레온과 테이레시아스가 등장하여 후에 풀어야 할 문제를 제기한다. 2부에서 이오카스테 왕비가 등장하여 작품 전개의 방향을 결정한다. 그리고 3부에서 코린토스에서 온 사자와 라이오스 왕의 시종이 등장하여 문제를 최종적으로 풀어낸다. 마지막으로 종막에서 이와 같은 풀이를 마무리하는 방식으로 전개된다.

3.2.1. 서사(Prologos): 재앙 앞에 선 오이디푸스

서사의 무대는 궁전으로 오이디푸스가 등장한다. 이어 사제가 테베에 닥친 재앙을 보고하면서 극이 시작된다. 사제는 오이디푸스가 과거 스핑크스의 수수께끼를 풀어서 테베를 구해준 일[11]을 상기시킨다. 그는 이번에도 테베 시민들을 재앙에서 벗어나게 해달라고 탄원한다. 비극 「오이디푸스 왕」에서 소포클레스는 행동하는 선인(善人)으로 오이디푸스를 미메시스의 대상으로 삼았다.

> 사제: 우리가 그대를 신과 같이 여겨서가 아니라 인생의 제반사에 있어서나 신들과 접촉하는 일에 있어서나 그대를 사람 중에 으뜸가는 분으로 여기고 있습니다. 그대가 카드모아의 도시에 와서 우리가 잔인한 스핑크스에게 바치던 피의 공물에서 벗어나게 해주셨습니다. …. 그래서 지금 만인의 눈에 가장 위대하신 오이디푸스 왕이시여! 우리가 모두 탄원자로서 그대에게 애원하노니, 어떤 신의 음성을 들어 아시든 사람의 힘으로 아시든 그대는 우리를 위해 어떤 구원의 방도를 찾아주십시오. (「오이디푸스 왕」, 32행)

---

11) 오이디푸스가 스핑크스의 수수께끼를 푸는 장면은 원래 신화에는 없는 이야기로 소포클레스는 그 당시 정점에 있었던 소피스트의 이론을 비판하기 위해 삽입한 것이다. 오이디푸스는 소피스트적 지혜를 대변하는 인물이었다. '인간은 만물의 척도이다.' 와 '정의(진리)는 강자의 이익이다.' 라는 두 명제는 소피스트의 지혜를 대표한다. 소포클레스의 오이디푸스는 자신의 지혜로 스핑크스의 수수께끼를 풀고 최고의 권위를 누리는 그를 불행으로 몰고 가면서 소피스트 지혜의 한계성을 드러낸다.

테베 사람들에게 오이디푸스 왕은 뛰어난 지력을 소유하고 신의 가호를 받은 영웅이었다. 여기서 오이디푸스 왕은 보통 이상의 선인으로 뚜렷한 목적의식을 갖고 행동하는 인물이다. 오이디푸스는 자신이 저지르는 행동들의 과정이나 그 의미에 대해 스스로 깨닫는다. 특히 비극 속의 오이디푸스는 자신이 처한 절망적 상황 속에서도 합창단의 말에도 동요되지 않고 원래 계획대로 실천하는 모습을 보임으로써 왕으로서의 굳건함을 보여준다. 예컨대 오이디푸스는 자신의 고집대로 라이오스 선왕의 살인자를 색출하는 일을 중단하지 않는다. 이때 등장가를 부르는 12~15명의 합창단이 등장한다. 이들의 첫 번째 합창은 모든 재앙으로부터 테베를 지켜달라는 기원의 노래이다.

오이디푸스는 처남인 크레온에게 아폴론 신으로부터 신탁을 받아오도록 한다. 크레온은 선왕 라이오스를 죽인 자를 찾아내어 벌한다면 그 나라의 재앙이 사라질 것이라는 아폴론의 신탁을 전한다. 오이디푸스는 신탁을 통해 역병의 원인을 묻고 선왕의 죽음에 대한 진실을 알아내려 한다. 서사는 극 중 인물들의 대사에 의해 극적 상황을 관중들에게 전달하는 단계로서 묘한 긴장감을 조성한다. 이는 테베의 재앙이 사라질 것이라는 기대감보다는 라이오스 왕을 살해한 사람에 대한 궁금증과 함께 무언가 앞으로 일어날 불길한 불행을 예감하게 한다.

3.2.2. 제1 삽화(Epeisodion): 오이디푸스의 자각

이어 제1 삽화는 현대의 막(幕)에 해당하는 부분으로 본격적인 이야기가 전개되는 단계이다.

> 그러니 나는 이것을 위해 마치 내 아버지의 일처럼 싸워나갈 것이며/ 그 살인을 저지른 자를 잡고자 찾으며 모든 곳을 뒤질 것이오./ 랍다코스의 아들을

위하여, 폴리부스에서 나고 그전으로 거슬러 카드모스에게서, 또 더 오늘로는 아게노르에게서 난 이를 위하여 (「오이디푸스 왕」, 264~ 268행)

오이디푸스는 테베 시민들 앞에서 선왕 라이오스의 살해범을 찾기 위해 온 힘을 기울일 것을 다짐한다. 크레온 다음으로 눈먼 예언자 테이레시아스가 왕궁으로 들어오면서 풀어야 할 숙제를 제기한다. 뒤에 전개될 내용으로 그는 선왕의 살해범이 오이디푸스임을 알고 있으므로 불행해질 결말을 걱정하고 그저 조용히 진실을 덮어두고자 대답을 회피하였다. 하지만 오이디푸스가 그를 탄원하고 힐책하다가 결국 '오 악인들 중 최악인 자여, 귀도, 정신도, 눈도 멀었구나'라고 분노하자, 예언자는 의미심장한 말을 남기며 결국 살해범은 바로 오이디푸스임을 말하게 된다. 예언자는 의미심장한 말을 남긴다.

그대는 불쌍하게도 곧 이 모든 사람들이 그대를 꾸짖는 그런 말로 나를 꾸짖고 있구려. (「오이디푸스 왕」, 372~ 373행)

정작 귀도 정신도 눈도 먼 이는 오이디푸스 자신이었으니 극은 이렇게 오이디푸스 자신이 누구인지 알아가는 과정이 중심이 된다. 여기서 관중들은 알지 못하는 두려움에 빠져들고 이는 어떻게 오이디푸스가 살해자가 되었는지에 대한 궁금증으로 한층 더 극 속으로 빠져들게 한다.

3.2.3. 제2 삽화(Epeisodion): 오이디푸스의 불행

제2 코로스는 현명한 예언자가 테베의 시민들을 날개 돋친 요녀 스핑크스로부터 테베를 구한 오이디푸스를 의심케 하여 그들을 괴롭게 한다는 내용을 담고 있다.

> … 온통 수수께끼 같은 모를 소리만 하는구나! /수수께끼를 푸는 데는 그대가 가장 능한 사람이 아니던가요? /나의 위대함을 보여주게 된 바로 그 일을 갖고 나를 조롱하는구나! /하나 바로 그 지혜가 그대를 파멸케 할 것이오…….
> (「오이디푸스 왕」, 439~443행)

한편, 제2 삽화에서 크레온이 다시 등장한다. 오이디푸스는 눈먼 예언자 테이레시아스가 크레온과 공모해 라이오스 왕을 살해했고, 이에 또 반역을 꾀하고 있다고 생각하여 그와 심한 언쟁을 벌인다. 크레온은 자신의 결백을 주장하기 위해 등장한 것이다. 여기서 인간세계에서 인간들 간의 대립과 갈등을 보여준다. 이때 등장한 왕비 이오카스테는 일찍이 라이오스 왕에게 내려진 신탁 내용을 오이디푸스에게 알려준다. 그 신탁이란 라이오스 왕과 그녀 사이에서 장차 태어날 아들의 손에 라이오스 왕이 죽게 되리라는 것이었다. 그래서 라이오스 왕이 이러한 재앙을 피하고자 태어난 지 사흘도 안 된 아들을 산에 갖다 버려 죽게 했으나 라오스 왕은 엉뚱하게도 델포이로 가는 삼거리에서 도적들에게 죽임을 당했다는 것이다. 그러니 그녀는 아폴론 신을 섬기는 사제들의 예언은 믿을 것이 못 된다고 말하며 오이디푸스를 안심시키려 하였다,

왕비의 이야기를 들은 오이디푸스는 자신이 테베의 왕이 되기 전에 어느 길가에서 다툼 끝에 살해하게 된 노인이 라이오스 왕이 아닌가 하는 의심하게 된다. 불길한 예감이 든 오이디푸스는 이오카스테에게 자신이 코린토스 왕자로 있을 때의 일을 들려준다. 오이디푸스는 그녀에게 어느 날 연회석상에서 술에 취한 어떤 사람으로부터 자신이 코린토스의 왕의 친아들이 아니며, 자신을 낳아 준 아버지를 죽이고 자신의 어머니와 결혼할 것이라는 예언을 들었다고 하였다. 그래서 오이디푸스는 이러한 예언을 피하고자 코린토스를 떠나 줄곧 떠돌아다녔다는 것이다.

그런데 비극 속에서 오이디푸스는 코린토스의 왕이 자신의 친아버지가

아니었는데, 코린토스를 떠나온 자신의 행위가 오히려 신탁을 완성하는 길이 되었음을 알지 못한다. 그는 이오카스테에게 길에서 우연히 만난 일행들과 다툼 끝에 결국 그들을 죽이게 되었음을 고백하게 된다. 이에 이오카스테는 그에게 라이오스 왕을 수행하다 유일하게 살아 돌아온 시종의 이야기를 해주면서 라이오스 왕은 한 사람이 아닌 여러 사람에 의해 죽었으니 안심하라고 한다. 하지만 오이디푸스는 그 시종에게 직접 확인하고자 한다. 이때 갓 태어난 오이디푸스를 키타이론(Cithaeron) 산에 버린 사람과 그곳을 지나다가 오이디푸스를 거두어 코린토스 왕에게 양자로 삼게 했던 사람이 있는데, 그중 한 사람이 라이오스(Laios)가 살해될 때 겨우 살아남은 시종이었고, 다른 한 사람은 폴리부스(Polybius)의 죽음을 알리러 온 코린토스(Corinthos)의 사자(使者)였다.

제2 삽화의 첫 부분의 크레온과의 대화는 고조되는 긴장을 단번에 완화하는 역할을 한다. 즉 오이디푸스에게 집중된 시선을 크레온이 반역을 꾀하기 위해 예언자와 공모한 것으로 잠시 분산시킨다. 그러나 이내 이오카스테의 등장으로 긴장의 고삐는 늦춰지지 않는다. 비록 그녀의 등장이 오이디푸스를 진정시키고 안심시키기 위한 것이었으나 그것이 도리어 오이디푸스를 불행으로 몰아가는 출발점이 된다.

3.2.4. 제3 삽화(Epeisodion): 오이디푸스의 방랑

제3 코로스에서 다음과 같이 이어진다.

> 오오, 모든 것이 분명한 결말에 이르렀네.
> 햇빛이여, 내가 보는 것도 마지막이길.
> 나는 아무도 원하지 않는 사람으로부터 태어나고,
> 아무도 해서는 안 될 사람과 결혼하고,
> 내가 결코 해서는 안 될 사람을 죽였구나!

(「오이디푸스 왕」, 1182~85행)

제3 삽화에서는 얼마 후 코린토스의 사자(使者)를 먼저 만나게 된 이오카스테가 사자로부터 코린토스 왕의 부름을 듣고 기뻐한다. 그녀는 오이디푸스를 불러, 신탁이 실행되는 것을 피해 오랫동안 방랑했지만 이제 오이디푸스의 손이 아닌 자연스럽게 죽음을 맞이하게 된 폴리부스(Polybius)에 대해 이야기하면서 다시 한번 사제들의 예언은 믿을 것이 못 된다고 오이디푸스를 안심시킨다. 사자는 오이디푸스를 새로운 코린토스 왕으로 모셔가려고 온 것이었다. 그러나 오이디푸스는 코린토스 왕비가 살아 있기에 신탁이 이루어질 것을 두려워하여 코린토스로 가기를 머뭇거린다. 여기서 코린토스의 사자는 오이디푸스가 산속에 버려졌을 때, 마침 그곳을 지나다가 그를 거두어 코린토스 왕에게 양자로 삼게 했던 바로 그 사람이다. 그는 오이디푸스가 코린토스 왕의 친아들이 아니니 귀국을 걱정할 필요가 없다고 한다. 사자로부터 오이디푸스는 자신이 태어난 지 사흘밖에 지나지 않아 두 발목에 구멍이 뚫려 끈으로 묶여 버려졌다는 사실과 그 일로 인하여 자신의 이름이 오이디푸스[12]가 되었다는 사실을 알게 된다.

여기에서 오이디푸스는 신체적 특징을 통해 그의 신분이 확인된다. 이오카스테는 "제발 당신 목숨을 소중히 여기시거든 그렇게 들춰내는 일은 그만두세요. 이젠 더 견딜 수가 없군요."라고 말하며 그를 극구 말린다. 하지만 오이디푸스는"일어날 테면 일어나라고 하지! 내 지체가 아무리 비천하다해도 알지 못하고는 못 배기겠어"라고 말하며 진실을 포기하지 않는다. 이제 극은 점점 비극의 최고 절정에 이른다. 이렇듯 극의 모든 사건이 인과관계가 있으며 개연성과 필연성을 보여준다.

---

12) '이오카스테: 그리고 아들은 태어난 지 사흘도 안 돼 라이오스가 두 발을 함께 묶은 뒤 시종을 시켜 인적이 없는 산에 내다 버렸다.' 여기서 'Oidipous' 는 '부은 발' 이라는 이름이 붙여진다. 즉 오이디푸스의 어원은 발(pod)과 곪은(oidein)이다.

3.2.5. 제4 삽화(Epeisodion): 오이디푸스의 비밀

그리고 제4 코로스는 끊임없이 오이디푸스의 출생 비밀에 대해 의문을 던진다. 제4 삽화에서 시종이 등장하고 그는 오이디푸스의 모든 출생의 비밀과 사자의 증언을 증명해준다. 오이디푸스가 바로 라이오스 왕의 아들이며 또 그를 죽인 살해범이었다. 관중들은 위대한 지혜를 가진 선인인 오이디푸스가 선대의 저주와 과거 잘못 때문에 겪게 되는 불행에 대해 동정과 연민을 느끼게 된다. 이렇듯 비극은 관중들이 오이디푸스의 절규와 함께 카타르시스를 경험하게 한다.

아리스토텔레스에 의하면 비극성의 중요한 핵심은 주관적으로는 하마르티아(hamartia, 불가피한 잘못)이다. 하마르티아는 잘못이라고도 할 수 있고 성격상 결함이라고도 할 수 있는 사소한 것이다. 그런데 주관적으로 사소한 잘못이 객관적으로 돌이킬 수 없는 재앙을 초래하게 된다. 다른 한편 괴테나 헤겔의 설명에 의하면 비극성의 중요한 핵심은 객관적인 대립의 형식이다. 불가피한 객관적인 대립이 그사이에 혹은 그 교차점에서 있는 개인을 파멸로 몰고 가는 것이다. 니체 역시 비슷한 의견을 피력한 바 있는데, 그에 의하면 비극이 발생하는 것은 주체나 개인이 보편자의 자리로 격상될 때이다. 개인이 국지적인 당파성에 머물러 있지 않고 보편성을 추구할 때, 즉 인간 일반의 자리에 올라갈 때, 대립하는 당파성은 주체 내에서 내적 분열을 일으킨다. 개인이 개별적 주체로 존립하지 못하고 찢기고 파멸되는 것, 그것이 비극이다. 그러나 이러한 설명과 별도로 그리스인들이 사유했던 존재의 비극성을 근원적으로 파악한다면 비극성의 본질은 그들에게 인간성의 숭고함을 보여주는 것이었다.

3.2.6. 제5 삽화(Epeisodion): 오이디푸스의 반항

제5 코로스에서는 그동안의 사실들을 부연하면서 정리한다. 제5 삽화에서 이오카스테는 사자의 증언 도중에 이미 이러한 비극적 상황을 알아차리고 방으로 들어가 자살하고 만다. 이어 뒤따라 들어간 오이디푸스는 어머니이자 아내인 이오카스테의 옷에서 브로치를 뽑아 자신의 눈을 찔러 스스로 장님이 된다. 그리고 오이디푸스는 크레온에게 자신을 이 땅에서 추방할 것과 자신의 자녀들을 돌보아 달라고 부탁한다.

오이디푸스는 자신의 눈을 찌른 후 다음과 같은 인식에 도달한다. "그 많은 시련을 감내하며 나의 나이 듦과 나의 영혼의 위대함으로 판단하노니 모든 일이 다 잘 되었도다." 오이디푸스는 온갖 일들을 겪었음에도, 자신이 부정할 수 없는 확실한 것이 존재한다는 사실과 심지어 현재로서는 그것만이 중요하다는 사실을 깨닫는다. 이렇게 오이디푸스는 "모든 것이 좋다."라고 인정할 수밖에 없었다. 오이디푸스는 자신의 운명을 자신의 의지로 적극적으로 받아들인다. 이때 합창단은 테베의 왕이 되는 명예를 차지했지만 이처럼 비참한 상황에 빠진 오이디푸스의 불행을 보면서 그의 가련한 운명을 탄식하며 노래한다.

3.2.7. 종막(Exodos): 오이디푸스의 의지

종막에서는 스핑크스의 수수께끼를 풀고 많은 권세를 누리며 사람들로부터 추앙을 받았던 오이디푸스 왕이 당하는 비극적 상황을 보면서 누구도 죽음에 이르기 전까지는 행복하다거나 불행하다고 장담할 수 없다는 사실을 보여준다. 합창단은 열광으로 고조된 관중들을 상징한다. 이러한 열광 속에서 합창단은 신탁이 주는 지혜의 말을 전한다.

> 필멸의 인간이여, 자신의 행복을 자랑하지 마시오, 모든 고통이 해방되어 삶의 종말에 이르기까지는 (「오이디푸스 왕」, 1529~1530행)

합창단은 세계의 중심에서 진리를 선포하는 자들이다. 이제 극은 '어떤 사람도 죽기 전까지는 행복한지를 알 수 없다'라는 합창단의 후렴구를 되풀이하면서 끝난다. 비극 「오이디푸스 왕」은 랍다코스 가문의 멸망을 극화한 아이스킬로스의 오이디푸스 3부작과 다르게 오이디푸스 개인의 비극적 운명과 인간 지식의 한계를 부각하게 시킨다. 소포클레스는 오이디푸스를 피할 수 없는 운명 앞에 생존보다는 명예를 택하고, 외면적 가치보다는 내면적 가치를 추구하는 의지의 인간으로 표현하고 있다. 아리스토텔레스에 의하면 세 명의 비극작가 중 소포클레스가 그리스 비극의 정신을 가장 온전히 대변하고 있다고 한다.

이처럼 오이디푸스는 왕으로서 이중성을 갖는다. 그는 위기에 빠진 테베를 재건하여 새로운 문명과 정치체제를 만들고자 시도하면서 법과 질서를 유지하려는 법제정자로 등장한다. 하지만 다른 한편 자신은 그 법을 어기고 친부를 살해했으며 친모와 간통한 범법자이다. 오이디푸스는 친부살해와 근친상간의 범죄를 저질렀는데, 길거리에서 만난 라이오스 왕을 살해한 것이 자연세계에서 자신의 야수성을 드러낸 것이라면, 친모와의 근친상간이 이루어진 곳은 문명화된 도시 속의 중심인 왕궁의 침대이기 때문에 이는 문명세계에서도 인간의 폭력성은 여전하다는 것을 뜻한다. 즉 인간이 갖고 있는 본연의 폭력성과 야수성은 자연세계에서나 문명세계에서나 사라지지 않는다는 것이다. 이러한 인간의 이중성은 테베의 왕이지만 폭군인 자, 남편이지만 아들인 자, 테베를 구한 구원자이지만 이를 훼손시킨 범법자로 묘사된다. 인간은 신성과 야수성을 이중적으로 갖고 있어서 어떤 영웅이나 정치가도 이 경계를 넘지 못하며, 자신의 정체성을 정하려 할 때 자신이 수수께끼이며, 불연속적이고, 신성과 야수성 사이를 요동치는 존재라는 것을 깨닫게 된다. 이런 이중성은 영원히 해결되지 않으며, 완전히 치료되지도 않는 단지 인간의 조건일 뿐이다.

결국 오이디푸스 3부작을 통해 소포클레스가 말하고자 하는 바는 선과 악의 이중성은 인간의 조건이며, 이를 전제할 때 정치가란 이런 이중성이라는 인간의 조건을 담지하면서 인내하고, 실패하며, 후회하지만, 이를 통해 깨닫고 다시 도전하는 자를 일컫는다. 마치 시지프스와 같은 운명을 타고난 인간이 그럼에도 불구하고 계속 시도하는 자가 바로 정치적 인간이라는 것이다. 오이디푸스는 이런 인간의 조건과 정치가의 조건을 담지한 인물로 그려지고 있으며, 그것으로 인해 아테네의 정신적 지주가 될 수 있었던 것이다.

3.3. 오이디푸스의 전형과 모범

소포클레스의 「오이디푸스 왕」은 오이디푸스 개인의 비극적 운명과 신탁의 필연적 실현을 통해 인간의 한계를 보여주고 있다. 또한, 비극 속 인물을 통해 상반된 이미지의 변증법적인 역동성을 극화하여 기존의 그리스의 합리주의 정신에 대한 회의적인 시선을 던지면서도 그러한 정신의 승리를 역설적으로 암시하고 있다.

소포클레스는 아이스킬로스의 서정적 명상보다는 '행동'을 선호했으며 합창은 자체적으로 시 역할을 했다. 소포클레스는 비극의 전개에서는 '인간'을 중심에 둠으로써 그리스 비극을 인간화하는데 기여했다. 아이스킬로스가 신화적인 극중 인물을 다룸 비해, 소포클레스는 극중 인물 개개인의 성격을 논리적으로 풀어냈다. 소포클레스는 투쟁과 고통 속에 몸부림치는 '인간의 위대함'을 잘 묘사했다. 인간이 인간의 운명을 다스리는 신들에게 과오를 범했을 경우에도 '인간'의 존엄성을 높이 생각했다. 따라서 소포클레스의 비극에서 사용되는 언어는 '자연의 끔찍한 것'을 구분했던 장치에 불과했다.

이런 의미에서 니체는 소포클레스의 주인공들도 일종의 개별화의 가면으로 이해했다. 소포클레스는 그리스 비극에서 오이디푸스를 가장 고귀하고 고뇌에 찬 인물로 이해하였다. 오이디푸스는 자신의 지혜에도 불구하고 미망과 비참에 빠지는 비운의 인물이다. 소포클레스는 "고귀한 인간은 죄를 범하지 않는다."라고 생각하였다. 실제로 소포클레스의 오이디푸스는 한 인간으로서, 또 왕으로서 항상 꿋꿋한 모습이었다. 그는 무엇이든 자신이 옳다고 믿을 때는 두려움 없이 실행해 옮긴다. 그는 분노에 휩싸여 라이오스 왕을 죽였으며, 분노를 못 이겨 스스로 자신의 눈을 찌른다. 그러나 그는 장님이 되었지만, 닥쳐올 운명에 맞설 용기를 지니고 있었다. 소포클레스의 비극 「오이디푸스 왕」은 그리스적 의지를 보여주는 비극적인 아름다움을 보여준다.

「오이디푸스 왕」에서 비극의 합창은 인간의 고통의 원인을 사회적 권력 관계에서 찾으려 하지 않는다. 소포클레스의 합창단은 오이디푸스 가문의 모든 불행한 과거들의 원인을 신들에게 찾는다. 따라서 인간으로서 겪는 현재의 고통은 피할 수 없으며 그것은 숙명이다. 고대 비극은 그렇게 인간과 신을 연결함으로써 그리스인들의 삶에 의미를 부여한다.

그리스 비극의 합창단은 무대에 등장하는 영웅인 주인공에 대해 비판하고 거리를 두기보다는 아리스토텔레스적 의미에서 주인공과의 동일시를 유도한다. 주인공은 사회와 분리된 개인이라기보다는 정치적 주체로서 시민의 자화상이다. 당시의 합창단을 디오니소스적 인간의 자기 반영이며 디오니소스적으로 흥분된 대중 전체를 상징한다. 이렇듯 비극에서 관중은 주인공과 함께 인간으로서 그 고통과 속죄의 과정에 동참하는 것이다. 합창단이 노래하는 것은 디오니소스가 디오니소스임을 나타내는 환희와 고통의 표현이다. 비극합창단은 "이렇게 최초의 철학적 문제가 인간과 신 사이에 풀 수 없는 고통스러운 모순을 설정하고, 이것을 모든 문화의 입구에 하나의 바윗덩어리처럼 세워 놓게 된다."

니체는 그리스 비극이 디오니소스적 고뇌만을 표현한다고 보았다. 심지어 그리스 비극의 전통에서 벗어나 있는 작가라고 할 수 있는 에우리피데스에게 있어서도 오랫동안 무대의 주인공은 디오니소스뿐이었다. 니체에 의하면 비극의 주인공은 디오니소스였고 프로메테우스나 오이디푸스 등과 같은 무대의 유명한 인물들은 모두 본래의 주인공인 디오니소스의 분장에 지나지 않는다고 한다. 실제로 이들 영웅은 모두 비밀제의의 무대 위에서 고통받는 디오니소스였다. 그들은 방황하고 노력하며 괴로워하는 디오니소스와 닮았다. 모든 분장 뒤에 유일하게 실재하는 디오니소스는 다양한 형태로 투쟁하는 어느 영웅의 가면을 쓰고 말하고 행동하기 때문에 그 자신이 인간 속에서 개별화의 고통을 체험하는 신이었다.

여기서 그리스 신화에서 나타난 디오니소스는 어린아이였을 때 티탄에게 갈가리 찢기고, 찢긴 상태로 자그레우스로서 경배를 받았다. 그의 갈기갈기 찢긴 상태는 본래의 디오니소스적 고통이며 공기, 물, 땅, 그리고 불로 분화하는 것과 같았다. 디오니소스는 자유자재한 모습으로 나타나는 변형의 신으로 신성함 그리고 변형의 다채로움이라는 측면에서 그리스의 다른 어떤 신들보다 경이로움을 선사해준다. 그는 항상 움직이며, 모든 나라에서, 모든 민족에게 모든 종교적 환경에서 어떤 장소에서든 등장하는 다양한 종류의 신들, 심지어 그에게 적대적인 신들인 데메테르[13]나 아폴론과도 결합한다.

먼저 신화는 영원한 슬픔에 사로잡힌 데미테르를 통해 디오니소스의 세 번째 탄생을 형상화한다. 사람들이 데미테르에게 다시 한번 디오니소

13) 신화에 의하면 대지의 여신 데메테르에게는 제우스와의 사랑으로 얻은 페르세포네라는 딸이 있었다. 하데스는 그녀를 한 번 보고 사랑에 빠져 페르세포네를 지하세계로 납치해서 데리고 갔다. 너무나 사랑했던 딸 페르세포네를 잃은 데메테르는 신전에 틀어박혀 자신의 직분인 농사를 전혀 돌보지 않았고 인류가 농사를 지은 이래 최악의 흉년이 들었다. 우여곡절 끝에 페르세포네는 일 년 중 여덟 달은 지상에서 어머니와 함께 지내고 나머지 넉 달은 지하에서 남편 하데스와 보내는 것으로 결론이 나면서 데메테르는 올림포스로 돌아와 자신의 직분을 다시 시작하여 대지는 다시 수확의 풍요로움을 되찾았다. 보통 생산을 상징하는 신이 데미테르이고 소비를 상징하는 신이 디오니소스라고 한다.

스를 낳을 수 있다고 말해주었을 때, 그녀는 처음으로 기뻐했다고 전해진다. 또한 꿈의 해석자 아폴론과의 결합은 서사시에서 보는 것과 같은 규정성과 명료성이 서정시와 함께 비유적 현상을 통해 비극으로 융합되어 나타난다. 이렇듯 그리스인들은 삶의 고통과 고뇌, 공포와 전율을 잘 알고 있었다. 그들은 감수성이 예민하고 욕망이 강렬하며 탁월한 고뇌의 능력을 지닌 민족으로 삶의 공포를 견디기 위해 올림포스라는 찬란한 꿈의 산물을 내세웠다. 운명은 그리스인을 자연의 아들로서 최고로 만들었을 뿐만 아니라 동시에 어머니로서 그리스인을 보호하기를 그치지 않았다.

비극은 진정한 창조적 힘을 통해 삶의 근원적인 의지가 자신을 스스로 드러내는 방식이다. 현실에서 도피하지 않고 세계를 미학적으로 정당화하는 것, 이것만이 인간을 건강하고 심원한 존재로 만들 수 있으며, 예술만이 삶의 공포나 부조리에 대한 구토를 치유할 수 있다. 비극적 신화가 실질적으로 예술에 속하는 한, 예술 일반의 이러한 형이상학 미학적 정당화의 시도에 충분히 참여할 수 있다. 이처럼 니체는 바로 이러한 비극이 음악에서 탄생하였다고 하였다. 그는 음악이 다른 예술처럼 현상을 모사하는 것이 아니라 의지 자체를 모사하는 것이라 말한다. 왜냐하면 음악은 물리적인 것이 아니라 형이상학적이며, 현상들이 아니라 물자체를 표현할 수 있기 때문이다.

4. 「메데이아」에 나타난 의식적 선택

4.1 에우리피데스의 비극

에우리피데스에 대한 전기적 자료[14]는 그의 동시대 다른 작가들과 마찬가지로 매우 빈약하다.[15] 아이스킬로스의 오레스테이아 3부작은 아레오파고스(Areopagos)의 아테네 법정을 기초로 하고 에리뉘에스(Eninyes) 또는 에우메니데스(Eumenides)를 위해 아레오파고스 언덕에 사당을 설립한 아테나 폴리아스(Athena Polias)와 밀접한 관계가 있다. 에우리피데스의 「타우리케의 이피게네이아」 마지막 부분에서 아테나 여신은 할라이(Halae)와 브라우론(Brauron)의 아르테미스의 아티카 제의들의 설립을 지시한다. 비극작품들에 나타나는 신들은 일차적으로 호메로스나 헤시오도스의 신들의 특징을 보이며, 부차적으로 지역 제의의 특징을 보인다.[16]

에우리피데스 비극의 인물들은 그들이 처한 비극적인 상황에 일상적인 감정으로 대처한다는 점에서 다른 작가들의 주인공보다 비범하지 않은 특성을 보인다. 한편 형식적으로 에우리피데스는 합창단보다 배우를 강조하여 합창단의 역할을 대폭 축소하였다. 합창단의 축소는 장경의 효과

---

14) 에우리피데스의 생애에 관한 주요 출전으로 소요학파 문법학자 사티로스(Satyros, 기원전 3세기 후반)가 쓴『에우리피데스의 생애(Bios Euripidou)』의 단편들과 여러 가지 필사본으로 전해지고 있는『에우리피데스의 생애와 출신(Genos Euripidou kai bios)』과 기원전 2세기의 라틴 작가인 겔리우스(Aulus Gellius)의 『아티카의 밤들(Noctes Atticae)』 X V 20, 4과 10세기 비잔틴에서 발간된 일종의 백과사전인『수다(Souda 라틴명 Suda)』 등이 있다.

15) 에우리피데스는 그리스의 살라미스섬에서 태어났다. 그는 앞서 두 비극작가와 달리 아테네 사회에서 정치적으로나 종교적인 직책을 가지고 있지 않았다. 그는 소크라테스와 마찬가지로 당시에 여러모로 문제가 되었던 인물이었다. 그리스 문명의 쇠퇴기의 극작가로서 회의적이고 현실적인 작품 경향 때문에 당대에는 큰 평판을 얻지 못했지만, 현대에 와서 오히려 그의 중요성이 재평가되고 있다. 그는 작품을 통하여 크게 종교, 여자, 전쟁 등 세 가지 주제를 다루었다. 그는 종교에 대항하여 신성 모독죄로 고발되기도 하고, 부도덕한 여인들을 무대에 세워 사람들의 감정을 상하게 했다고도 하는 여러 가지 소문이 유포되어 있지만 사실 여부를 가려내기 어려운 것이 많다.

16) Simon Price, 앞의 책, 44쪽.

의 축소를 의미하기도 하지만, 주인공들이 합창단과 대화하기보다는 서로 대화하는 방식으로 더욱 사실적인 묘사가 가능했음을 의미하기도 한다. 에우리피데스는 앞선 극작가들보다 사랑의 문제를 더 많이 다루었다. 그는 신을 도덕과 이성의 빛으로 생각하지 않았고 신들의 권위에 의문을 제기하였다. 특히 전통적인 영웅과 신탁, 예언을 조소하는 한편 인간의 개성을 더 중요시하였다. 그는 인간적이고 보편적인 일상인의 삶을 소포클레스보다 더 사실적으로 그려냈다. 그리고 그의 비극에서 마스크를 바꿔쓰는 배우들이 3명 혹은 그 이상이라 극 중 인물들의 활용이 다양해졌음을 알 수 있다.

에우리피데스는 무려 92편에 달하는 작품을 썼다고 전해진다. 그의 작품 가운데 지금까지 남아있는 완전하거나 완전에 가까운 극의 수는 총 19편[17]이다. 그의 작품들이 다른 비극작가보다 훨씬 더 많이 보존된 이유는 기원전 4세기 이후 압도적인 인기에서 그 이유를 찾을 수 있다. 얼마 안되는 동안 세상의 유행이 뒤바뀐 것이다. 아테네의 정치 변화 혹은 세상의 급격한 변화도 있었지만, 세상을 앞선 그의 사상이나 취향이 후에 붐을 일으킨 주된 원인이라고 할 수 있다.

4.2. 메데이아의 선택

신화「메데이아」는 4단계로 구성되어있다. 첫 번째 단계는 영웅적인 이아손의 아르고호 모험이다. 이아손은 그리스 이올코스(Iolkos) 사람으로서

17) 잘 알려진 작품으로는 「알세스티스(Alcestis)」(BC 483), 「메디아(Media)」(BC 431), 「힙폴리토스(Hippolytus)」(BC 428), 「헤라클레스의 자식들(The Children of Heracles)」, 「안드로마케(Andromache)」(BC 424), 「헤쿠바(Hecuba)」, 「헤라클레스(Heracles)」, 「탄원자들(The Suppliants)」, 「이온(Ion)」(BC 417~BC 415), 「트로이의 여인들(The Trojan Woman)」(BC 415), 「엘렉트라(Electra)」(BC 412), 「타우리스의 이피게니아(Iphigenia in Tauris)」(BC 417~BC 408), 「헬렌(Helen)」(BC 412), 「페니키아의 여인들(The Phoenician Woman)」(BC 409), 「오레스테스(Orestes)」(BC 408), 「박카에(The Bacchae)」, 「아울리스의 이피게니아(Iphigenia in Aulis)」(에우리피데스 사후에 공연됨)와 더불어 연대미상의 사티로스극인 「키클롭스(Cyclops)」 등이 있다.

선왕인 아이손(Aison)의 아들이다. 그런데 숙부인 펠리아스(Pelias)가 아버지를 내쫓고 왕이 되자, 찾아가서 왕권을 돌려줄 것을 요구한다. 이에 펠리아스왕은 이아손에게 콜키스(Kolchis)의 아이에테스왕이 황금 양피를 갖고 있는데 이를 가져오면 왕권을 돌려주겠다고 약속한다. 황금 양피를 구하러 콜키스에 간 이아손에 반한 콜키스의 왕 아이에테스의 딸 메데이아는 아버지와 조국을 배반하고 그를 돕니다. 이아손은 메데이아가 아니었다면 황금 양피는커녕 죽임을 당했을 텐데 그녀의 도움으로 황금 양피를 획득하여 함께 귀환한다. 두 번째 단계는 메데이아는 콜키스에서 이아손의 숙부 펠리아스가 그에게 왕권을 돌려주지 않자 이아손을 위해 계략을 꾸며 펠리아스 왕을 제거하는 이야기다. 이아손이 펠리아스에게 받은 모욕을 메데이아가 갚아준 것이다. 메데이아의 사랑 덕분에 이아손은 숱한 위기와 고난을 극복할 수 있었다. 그런데 세 번째 단계는 이아손이 코린토스에 망명하고 있을 때 코린토스의 왕 크레온의 딸 글라우케와 정략적인 결혼을 하고자 한다. 이아손이 메데이아를 배신하자 메데이아는 이아손에게 복수를 결심하는 이야기다. 네 번째 단계는 아테네에서 메데이아가 아이게우스와 결혼하여 메도스를 낳지만, 테세우스를 독살하려다 실패하자 귀향하는 이야기다. 비극 「메데이아」는 세 번째 단계 이아손과 메데이아는 추방을 당하고 코린토스에 머물게 되었을 때부터 시작되는데 메데이아가 계략을 꾸며서 이이손과 적들에게 복수한다는 이야기다. 세 번째 단계의 이야기는 다음과 같이 이어진다.

4.2.1. 서사(Prologos): 메데이아의 계략

먼저 서사에서 무대배경은 코린토스 외곽에 있는 메데이아의 집이다. 메데이아의 유모가 등장해 아르고호 모험과 메데이아의 사랑을 이야기하고 나서 메데이아의 현 상황을 알려준다. 이아손이 메데이아와 자식을 버리고 코린토스의 왕 크레온의 딸과 결혼을 했다고 한다. 가련한 메데이아 스스로도 말합니다.

> 산다는 것이 내게 무슨 소용이란 말인가?/죽음으로서 이 가증스런 삶을 지워버리고/떠날 수 있으면 좋으련만!고향도시여!/수치스럽게도 나는 오라비까지 죽이며/당신들을 배신했나이다./하지만 나는 불의의 타격을 받아/마음에 치명상을 입었어요./나는 끝장났고 삶의 의욕을 잃었으며/죽고 싶은 심정이에요. (「메데이아」, 111~114행)

유모는 배신당한 메데이아의 성격을 묘사하고 그녀가 어떻게 대응할지 몰라 두려워한다.

> 남편에게 배신당했다는 것을 안 뒤로/마님은 식음을 전폐하시고 누워 고통에 몸을/ 맡기신 채 온종일 눈물로 세월을 보내며, 〈중략〉 사랑하는 아버지와 고향과 집을 위해 혼자서 슬퍼하시곤 하시는데, 〈중략〉 마님께서는 자식마저 미워져서 봐도 즐겁지가/않으신가 봐. 무슨 끔찍한 일을 궁리하시는 건 아닌지/그게 두려워요. 마님께서는 마음이 모질어 불의를 당하고는/못 참는 성격이시니까요. (「메데이아」, 24~39행)

위와 같이 메데이아의 성격을 잘 알고 있는 유모는 그녀가 뭔가 무서운 일을 저지르지 않을까 걱정한다. 그녀는 메데이아가 이아손에게 복수할 계략을 꾸미리라는 것을 암시한다.

4.2.2. 제1 삽화(Epeisodion): 메데이아의 분노

제1 삽화로 메데이아의 두 아들이 그들의 가정교사와 등장한다. 가정교사는 크레온 왕이 메데이아와 그의 자식들을 추방할 것이라는 소식을 전하며 극 행동의 동기를 부여한다. 이러한 상황에서 메데이아가 어떤 행동을 할지 궁금해진다. 이내 집안에서 메데이아의 통곡이 들린다. 그리고 그녀는 "소박맞은 가련한 어미의 그 자식들이여, 아비와 함께 사라져버려라!"라며 저주를 퍼붓는다. 그녀의 분노는 남편 이아손에게는 물론이고 아이들에게 뻗친다. 메데이아는 신들의 이름을 부르며 자신이 당한 부정의를 증거로 제시하며 맹세를 어긴 이아손을 응징해 달라고 탄원한다.

> 위대한 테미스시여, 존경스러운 아르테미스시여/강력한 맹세로 몹쓸 남편을 내게 묶었는데/내가 지금 어떤 고통을 당하고 있는지 보세요. 감히 그들이 먼저 내게 부당한 짓을 하다니! 그이와 신부가 궁전과 함께 망하는 꼴을 볼 수만 있으면 좋으련만! (「메데이아」, 160~163행)

마침내 메데이아가 등장하는데 의외로 평정심을 되찾고 코린토스의 여인들의 합창단으로 다가간다. 남편의 배신에 절망하고 분노하였지만, 가부장적 사회에서 가련한 여자의 보편적인 운명을 강조하며 차분히 감정을 다스린다.

4.2.3. 제2 삽화(Epeisodion): 메데이아의 위기

그런데 제2 삽화에서 분노를 조절한 메데이아에게 두 번째 위기가 찾아온다. 크레온 왕이 직접 찾아와 메데이아에게 아이들과 함께 당장 코린토스를 떠나라고 명령한다. 그런데 당장 추방되면 복수의 기회를 얻지 못할 것이다. 다음은 메데이아가 코린토스의 여인들로 이루어진 코러스에게 하는 말이다.

> 생명과 분별력을 가진 만물 중에/우리 여자들이 가장 비참한 존재예요./우리는 거금을 주고 남편을 사서/우리 자신의 상전으로 모셔야 하지요./그리고 우리가 얻는 남자가 좋으냐 나쁘냐가 중요하지요…(중략)/남자들을 말하지

요./우리가 집에서 안전하게 지내는 건/자기들이 창을 들고 싸우기 때문이라 고/하지만 나는 아이를 한 번 낳느니/세 번 싸움터로 뛰어들겠어요

(「메데이아」, 230~251행)

메데이아는 자식을 키우는 부모의 마음에 호소하며 크레온을 설득하여 하루 동안 코린토스의 국경 안에 머물 수 있게 된다. 이제 메데이아는 코린토스의 여자들에게 말하지만 바로 자신과 나누는 대화이다. 메데이아가 스스로 방책들을 생각해 내고 준비하고 망설이고 다시 다짐하는 모습이 그려진다. 그녀의 독백과 같은 연설에서 복수를 위한 구체적인 방법들이 차례로 그 모습을 드러낸다.

4.2.4. 제3 삽화(Epeisodion): 메데이아의 추락

제3 삽화에서 왕은 하루만 더 머물기를 허락하였고 메데이아의 복수는 그 하루 사이에 이루어진다. 메데이아는 그 복수로 크레온 왕과 그의 딸, 심지어 자기의 두 아들까지 죽일 결심을 한다. 우연히 메데이아의 집 앞을 아테네의 왕 아이게우스가 지나가는데, 메데이아는 그의 자식 문제를 해결해주는 대가로 아테나이에 피난처를 마련한다. 피난처가 마련되자 메데이아는 남편에게 복수하기 위해 공주를 독살하고 아이들을 살해한 후 아테네로 피신한다. 그런데 이전에 쓰인 신화에는 메데이아가 크레온 왕을 살해해 이에 분노한 시민들이 그녀의 아이들을 죽였다고 한다. 메데이아가 복수하려고 자식을 살해한 이야기는 에우리피데스가 처음 도입한 플롯이다. 이렇게 에우리피데스는 메데이아가 제 자식들을 살해하게 한다.

4.2.5. 종막(Exodos): 메데이아의 의지

합창단은 자신에게는 너무 강한 사랑이 닥쳐오지 않기를 바라며 절제

와 평화를 찬양한다. 그러나 메데이아로서는 원수에게 웃음거리가 되는 것은 참을 수 없는 일이고 설사 자신이 불행한 여인이 된다 하더라도 적에게 복수해야 했다.

> 나는 내 자식을 죽일거예요/그 애들을 구해줄 사람은 아무도 없어요/나는 아이손의 집을 송두리째 허물 것이며,/ 가장 끔찍한 짓을 저지르고 나서 사랑하는 자식들을 죽인 죄를 피해 이 나라를 떠날 거예요. 원수들에게/웃음거리가 된다는 것은 참을 수 없어요. 친구들이여. (「메데이아」, 784~797행)

마지막 종막에서 이아손은 황급하게 등장해 분노한 코린토스 시민을 막으며 아이들을 구하려고 한다. 메데이아 속에는 어머니와 영웅이 끊임없이 갈등한다. 그녀 속의 어머니는 왜 남에게 고통을 주려다가 자신이 고통을 받아야하는 묻는다. 또한 영웅은 원수의 웃음거리가 되어서는 안된다고 주장한다. 하지만 합창단이 자식없는 것이 축복이라고 노래하며 아이들의 죽음을 알리게 된다. 이아손이 집 대문을 부수고 들어가려 할 때 메데이아는 집 지붕 위에 헬리오스가 보내준 뱀들이 끄는 수레를 타고 신적인 존재로 변모한다. 그녀 앞에는 아이들의 시체가 보인다. 이 장면에서 이중 반전으로 이아손은 패배하고 메데이아는 승리하여 두 사람의 위치가 전도된 것이다. 메데이아는 아이들을 코린토스의 아크로폴리스에 있는 헤라 여신의 성역 직접 묻어줄 것이며, 자신의 불경한 살인을 속죄하기 위해 신성한 축제와 제사를 올릴 것이며, 이아손에게는 비참한 죽음을 맞게 될 것이라는 저주를 하고 아테네로 행해 날아간다.

이에 이아손은 제우스신을 부르며 메데이아의 악행을 증거로 제시하지만, 그것은 공허한 메아리로 울려 퍼진다. 메데이아는 복수의 악령과 같은 신적인 존재로 변한 것이다. 이러한 변모는 비현실적이고 복수를 위해 자신의 자식을 살해한 메데이아는 인간성을 상실한 복수의 악령이 되었음을 상징하는 것 같다. 그러나 앞서 신들에게 구원을 탄원했던 메데이아를 돌이켜 볼 때 오히려 신들이 그녀의 탄원에 응답한 결과라고 해석할 수 있다.

4.3. 메데이아의 전형과 모범

에우리피데스는 그 시대의 젊은이로서 소피스트의 영향을 강하게 받았다. 자연히 모든 면에서 인습적인 것에 대한 합리주의적 비판과 반발이 그의 작품 속 곳곳에 나타나 있다. 이전 신화에서 이름난 영웅 이아손은 비극 「메데이아」에서 비열한 인간으로 그려져 있고 동시대 소피스트의 모습을 담고 있다. 반면에 야만족 공주이며 이방인인 메데이아는 호메로스 서사시의 남성 영웅처럼 명예 중심의 가치관을 따라서 행동하는 모습을 보여준다. 이처럼 영웅 이아손과 이방인 메데이아 사이에 가치의 전도가 일어났음을 알 수 있다. 메데이아는 닥쳐오는 현실의 여러 장애를 해결하고 자신에게 쏟아지는 사회 · 정치적 편견에 맞서고, 자신을 억압하는 총체적 환경 속에서 투쟁하는 신성에 대한 기억을 만날 수 있는 존재의 모범이자 전형이다.

남편 이아손에게 버림받은 메데이아의 비애와 애정의 회복을 위한 허무한 노력이 남편에 대한 증오로 변한다. 메데이아는 배신당한 사랑에 좌절하여 차라리 죽기를 바라고 자신이 처한 비참함에 고통스러워하는 한낱 여인이었다. 남편에게 고통을 줄 목적으로 자신의 자식을 죽이고 남편의 새 아내가 될 글라우케와 그의 아버지인 코린트 왕을 태워 죽이기에 이른 여자의 심리를 동정의 눈으로 묘사하였다. 「메데이아」는 지독한 복수극으로 취급되곤 하지만, 여기서 중요한 것은 각각의 인물들이 자기 자신에 대해 그리고 자신이 처한 상황에 대한 이해와 연결되어 있었다. 그들 인물들이 자신의 선택과 행위에 대해 어떤 의미를 부여하고 있으며 그것을 정당화하기 위한 논리가 있었다. 신화에서 메데이아는 무섭고 야만적인 마녀(魔女)였지만 비극은 심리적 해석을 가하여 새로운 생명력을 불어넣어주는 사랑스러운 유희를 보여주었다. 따라서 「메데이아」는 에우리피데스의 다른 작품에 비하여 특히 구성적인 면에서 세밀하게 정돈된 걸작이었다.

에우리피데스는 당시 사회의 정치, 종교, 철학에 관심을 두었으며 신화나 전설에 구애받지 않고 아이스킬로스의 도덕 문제와 동시에 소포클레스의 심리분석에도 몰두했던 작가라고 할 수 있다. 소피스트들이 극단적인 상대주의와 회의주의로 신화를 깎아내리는 것과 달리 비극 시인들은 신들에 대한 경건한 믿음을 다시 회복하려고 애썼다. 그들은 신이나 영웅의 행동에 대한 윤리적 기준으로 신화의 진실과 거짓을 구별하고자 하였다. 그는 절대주의와 상대주의, 유신론과 무신론, 불문법과 성문법, 신화세계의 질서와 세속적 가치관 사이의 갈등을 묘사하려 하였다. 요컨대 비극들은 신화를 통해 당시의 정치적 쟁점을 부각하기도 하고, 사랑, 질투, 인간의 희로애락과 같은 인간의 원초적 본능 문제를 다루었다. 비극은 곡의 연주가 그러하듯이 공연하는 순간에 빛을 드러내는 시간적 속성이 있는 것이다. 그 시간 속에서 영원성이라는 특별한 경험을 하게 된다.

에우리피데스의 몇몇 작품들에서도 그리스 신에 대한 관점이 다르게 나타난다. 그는 「타우리스의 이피게니에」와 「헬레네」 등에서 신화를 풍자적으로 농담조로 로맨틱하게 쓰고 있다. 이제 신화는 헬레니즘 시대의 그리스인들이 이리저리 이주하여 정착하면서 그 지역의 전설들이 조금씩 변형되어 살아 있는 신화가 아니라 흥미와 재미를 위한 도구로 전락하게 되었다. 신화가 문화적, 예술적 형태로 바뀌면서 신의 불륜 행각이나 불의의 변신과 같은 끔찍하고 불미스러운 이야기가 되었다. 이렇게 변형된 신화에는 시인의 영감도 소멸하고 청중도 독자도 소멸해가는 시대로 바뀐다.

동시대인들이 그를 혹평한 이유로는 다음의 두 가지를 들 수 있다. 첫째, 새로운 작품세계로 전통적 가치 통념을 뒤엎는 반전사상 때문이다. 에우리피데스 작품 속의 신들은 인간들처럼 복수심이 강하고 비이성적이다. 그러므로 그는 작품 속에서 극 중 인물이 신들의 정의감에 의문을 제시하기도 하고, 인간이 신보다도 더 도덕적 가치를 중요시한다고 암시하기도 한다. 또한, 주인공들이 보통 사람들의 일상적인 행동을 서슴지 않기 때문에 비극의 품위에도 어울리지 않는다는 평가를 받았다. 둘째, 다른 극작가에 비해 상대적으로 정교하지 못한 이야기의 전개와 주제 파악의 어려움, 합창단 사용의 축소, 무리한 결말 등을 이유로 들 수 있다.

그는 종종 사용한 무리한 결말 방식의 대표적인 예로 데우스 엑스 마키나 귀결(Deus ex Machine Ending)을 사용한다. 데우스 엑스 마키나는 라틴어로서 기계로부터의 신(神) 또는 기계장치의 신을 의미하는데 이는 대체로 두 가지 차원에서 의미를 살펴볼 수 있다. 먼저 넓은 의미에서의 데우스 엑스 마키나는 어떤 상황이나 사건을 불시에 반전시키는 신들의 개입을 총칭한다. 좁은 의미로는 비극의 결말에서 기계장치를 타고 공중, 혹은 신전 지붕 위로 등장하는 신을 지칭한다.

이러한 신들의 등장을 위해 무대 측면에 설치한 기중기(起重機)를 움직여서 여기에 탄 배우를 무대 위로 들어 올리는 것으로 추정된다. 기계는 무대 뒤에 설치되는데, 무게중심이 맞도록 세 지점에 밧줄로 지지하고, 도르래를 이용하여 신으로 분(扮)한 배우를 끌어올린 후, 기울임 링크를 조절하여 원하는 각도로 본체를 기울일 수 있게 되어있다. 이러한 장치를 통해 관중들은 공중으로 갑자기 출현하는 신을 볼 수 있었다. 에우리피데스는 이 장치를 극의 결말에 사용하여 하나의 극적 기법으로 완성한다. 그리하여 데우스 엑스 마키나 마무리란 극 중 인물들 간의 갈등을 해소하거나 긴박하게 치닫는 극의 결말을 위하여 진행되어 오던 사건과 전혀 관련 없는 전지전능한 존재가 등장하여 극단적으로 상황을 종료시키는 결말 방식을 뜻하게 된 것이다. 이러한 결말 방식은 이야기의 치밀한 구성없이도 결말을 손쉽게 낼 수 있다는 점에서 많은 학자의 비판을 받았다. 한 예로 아리스토텔레스는 그의 저서 『시학』에서 아래와 같은 글을 남긴다.

> 사건의 해결은 이야기 그 자체에 의하여 이루어져야지, 「메데이아」나 『일리아드』에서 그리스군의 출범이 저지당했던 이야기에서 볼 수 있는 것처럼 기계장치에 의존해서는 안 됨이 명백하다. (『시학』, 1454b)

위의 글을 통해 알 수 있듯이, 아리스토텔레스는 이야기의 결말은 어디까지나 이야기 그 자체 안에서 이루어지는 것이 바람직하며 기계장치와 같은 수단에 의지해서는 안 된다고 비판하였다. 그러나 에우리피데스 작품 대부분에서 이러한 결말 방식을 사용한 것을 미루어 보아, 기계를 이용한 극적인 배우의 등장은 관중들에게 매우 흥미롭고, 인기 있었음을 짐작해 볼 수 있다. 극 중 인물의 측면에서 에우리피데스의 작품 속 여성들은 동정을 유발하는 인물들이었다. 「트로이 여인들」에서는 전쟁 속의 희생자인 여성들의 역경을 다루었으며, 「엘렉트라」의 주역인 엘렉트라는 삭발에 노예와 같은 처참한 몰골로 등장하여 그녀의 고생을 동정하게 만든다. 따라서 에우리피데스는 거칠고 드센 여성들의 등장을 통해 동시에 어느 작가보다도 더 그럴듯한 여성 인물을 창조했고, 또 여성에 대해서도 훨씬 깊이 있는 이해를 보여주는 작가라는 평가를 받았다.

그러나 니체는 에우리피데스에게 비극의 죽음, 신화적 정신의 소멸에 대한 책임을 묻는다. 에우리피데스는 작품의 소재를 관습대로 신화와 전설에서 가져왔지만, 극 중 인물들이 신이나 영웅이라고 보다는 일상적 삶의 현실 속에 있는 인간들로 그려져 있다. 따라서 그의 작품은 비극의 종말과 함께 비극작가들도 함께 사라지게 하였다. 에우리피데스는 신의 섭리보다는 남녀 간의 사랑, 질투 등을 그의 작품세계 속 주제로 삼았다. 특히 여성의 다양한 성격과 세밀한 심리분석, 묘사에 있어서 고대 비극작가로서 그 누구도 그를 앞지를 사람이 없을 것이다. 종교적 색채가 짙은 아티카의 비극 속에서 너무나 강하게 인간적 요소를 넣은 에우리피데스는 어떤 면에서 비극의 정통을 깨뜨렸다는 비난을 피할 수 없었다.

무엇보다도 이러한 비극의 몰락 배후에는 소크라테스라는 이론적 인간이 있었고 이 소크라테스의 이론적 낙관주의로 인해 비극은 죽음을 맞이하게 되었다. 그리스 비극론에 나와 있는 니체의 언술에 의하면 디오니소스는 이미 비극의 무대에서 추방되어 있었다. 에우리피데스의 입을 빌어서 말하는 신은 이제, 신도 인간도 아닌, 새로 태어난 '다이몬'(Daimon), 바로 소크라테스라고 불리어진다. 이제 디오니소스적인 것과 소크라테스적인 것의 새로운 대립이 시작된다. 그리스 비극이 몰락은 이 새로운 대립 때문이었다. 왜냐하면 그리스 비극에서는 아폴론적인 것과 디오니소스적인 것이 끊임없는 대립과 갈등 속에서 언제나 새롭고 힘에 넘치는 탄생을 가져오기 때문이다. 그리스적 본성이란 매우 고귀하고 매우 순수한 인간성 외에 다른 것이 아니다. 그러나 넓은 시각으로 보면 에우리피데스는 새로운 문학 조류의 선각자였다. 이는 가장 극단적인 비극의 퇴화 속에서 조차도 그리스 문학이 여전히 그런 순수 인간의 본성에 다가가며 개별적인 것 자체를 일반적인 것으로 고양하는 보편성의 흔적을 간직하고 있었기 때문이다. 그리스 문학에서 나타나는 신성에 대한 기억들, 가령 메데이아의 이야기 전체에 걸쳐 등장하는 기품이나 메데이아의 사랑스러운 유희 등은 진정한 그리스적 문학의 절대적인 영향력으로 남아있는 흔적들이다.

5. 디오니소스적인 것과 아폴론적인 것의 대립과 화해

5.1 디오니소스적인 것과 아폴론적인 것의 대립

문학에서 비극이란 인생의 불행, 비참, 그리고 슬픔을 소재로 하여 파멸, 고뇌, 고통, 그리고 죽음으로 끝나는 이야기를 의미한다. 그리고 비극의 주인공은 자기 자신의 성격적 결함 등으로 인해 파국에 이르지만, 최후의 순간에 자아나 외부세계에 대한 깊은 인식에 도달함으로써 그 파멸로부터 구원된다. 현대적 비애극과 고대 비극은 대체로 두 부류로 나눌 수 있다. 인간 외부의 절대적 힘에 의한 운명비극과 인간의 내부의 성격 결함에 의한 성격비극을 들 수 있다. 비극의 요인이 이렇듯 인간의 성격과 환경에 의한 것이라면 인간의 비극은 운명적인 힘으로 초래된다.

폴켈트(Vokelt Johannes)에 의하면 보통 현대인들은 비극을 그리스 비극의 요소들, 즉 비극적 플롯, 비극적 영웅 그리고 비극적 죽음 등 비애극의 본질적인 것으로 재인식하려고 한다. 그리고 그들의 비극의 철학은 역사적인 사실과는 무관하게 죄나 속죄라는 개념들로 한정한다. 이러한 개념들은 보편적 정서의 체계 속에 편입되어 도덕적인 세계질서의 이론을 전개한다. 특히 비극적 영웅이 정당하지 못한 세계질서, 정화된 지적 통찰을 못 견뎌서 하는 세계질서 속에 드러나 있다고 생각할 수밖에 없다. 등장인물들은 으레 자신의 환경에 만족하지 않고 오히려 그 환경을 증오하거나 현실을 무시하고, 이상에 집착하는 환경에 대항한다. 등장인물이 자신의 환경을 탈출하거나 변화시켜 보려고 안간힘을 쓰지만, 목적을 이루지 못하고 비극적 인생을 맞이한다. 그러나 이러한 비극적인 것을 인간의 보편적인 내용으로 현재화하려는 노력은 헛된 것이다.

또한 빌라모비츠에 의하면 아테네 비극이란 영웅전설을 소재로 한 그 자체로 완결된 작품이다. 그것은 아테네의 시민 합창단과 둘 또는 세 명의 연기자들에 의한 상연을 위해 장엄한 양식으로 문화적으로 손질된 것이며, 디오니소스의 신전에서 공식적인 예배 일부로 공연되도록 정해져 있었다. 기원전 5세기 아테네는 대내적으로는 시민공동체의 자체적 역량과 안정을 강화하였으며, 대외적으로는 두 차례에 걸친 페르시아와의 전쟁을 성공적으로 치르며 그리스 도시국가들의 연합인 델로스 동맹의 맹주로 부상하는 등 정치적, 경제적, 문화적 번영과 성취를 이루는 절정기를 구가하고 있었다. 그런데 바로 그러한 황금시대에 그들은 가장 깊은 어둠의 심연을 응시하고 있었다. 이 시기의 아테네 문화는 종교에서 파생한 장르인 극에서 볼 수 있듯이 음악과 밀접한 연관이 있다. 악기의 반주에 맞춘 기도와 찬송으로 신들에 대한 경배를 드리는 희생 제사와 봉헌이 있었다. 여기에 노래와 무용 등이 포함되었다.

이렇듯 니체는 근대 연극이 그리스 비극과 닮은 어떠한 비극도 보여주지 않는다고 주장하였다. 니체에게 비극은 전설과 연관되어 있으며 비극적인 것이 윤리로부터 독립되어 있다는 것을 통찰함으로써 이러한 테제에 대한 기초를 세웠다. 이미 신화를 정의하는 데서 이러한 측면들은 작용하고 있다. 신화는 현상세계를 경계지역으로 몰고 가고, 그 속에서 현상세계는 자신을 부정하고 다시 진정하고 유일한 실재 세계의 품속으로 도망치고자 한다. 따라서 우리는 진정으로 미학적인 청중의 경험에서 비극작가를 떠올린다. 작가는 개체화의 풍성한 신처럼 자신의 형상을 창조해낸다. 이처럼 니체는 비극적 신화를 순수한 미학적 창조물로 간주하였다.

니체는 『비극의 탄생』에서 새로운 장르의 예술형식으로서 비극의 재탄생을 통해 그리스적 의지를 보여주고 공동체적 화해를 도모하고자 하였다. 니체는 그리스 비극에서 심연의 고통을 보았다. 그리스 비극은 삶의 모습을 그대로 반영하여 재현한 것이다. 이러한 재현이 가능한 것은 바로 비극이 바로 음악이기 때문이다. 니체도 쇼펜하우어가 주장하듯이 음악만이 가장 완벽한 의지의 언어(die Sprache des Willens)라고 생각하였다. 니체가 보기에 당시는 음악이 사라졌으며, 음악이 사라진 시대를 슬퍼하며 언어로 최소한의 음악 정신을 구현하고자 하였다.

아리스토텔레스에게 있어서 자연은 자연 그 자체의 궁극적 목적을 향해서 움직이는 생성 과정이다. 자연은 그림자에 불과한 것이 아니라 플라톤이 말한 것처럼, 주요한 실재였다. 아리스토텔레스는 인간 역시 생성 과정을 가진 자연이라고 인식하고 음악이 인간 본성의 두 측면을 모방한다고 생각하였다. 음악에 의한 자연 생성 과정의 모방은 디오니소스적인 것과 아폴론적인 것의 두 가지 양태로 나타난다. 자연의 이러한 직접적인 예술 상태들에 대해, 모든 예술가는 모방가(Nachahmer)이다. 그리스 시대의 예술가들은 아폴론적인 꿈의 예술가, 디오니소스적인 도취의 예술가, 그리고 꿈과 도취를 겸비한 예술가 등으로 그 모습을 드러낸다.

우선 그리스인들은 자신들의 예술관의 심오하고 비밀스러운 가르침을 개념을 통해서는 아니더라도 자신들이 신봉하는 신들의 세계에 대한 극히 명료한 형상들을 통해 통찰력 있는 사람들에게 알려주고 있다. 따라서 그리스 세계에서는 조형 예술가의 예술인 아폴론적인 예술과 디오니소스적인 예술인 비조형적인 음악 예술이 기원과 목적이란 점에서 크게 대립하고 있다는 우리의 의식은 그리스인들이 신봉했던 두 예술 신인 아폴론과 디오니소스에 결부되어 있다.

이때 서로 성격을 달리하는 이 두 종류의 충동들은 대체로 공공연히 대립하면서 서로가 항상 새롭고 더욱 힘 있는 탄생물을 낳도록 자극하면서 평행선을 이루며 나아간다. 이러한 탄생물들 속에서 저 대립의 투쟁은 영원히 계속되며, 예술이라는 공통의 단어가 이러한 대립을 단지 외견상으로만 연결해 줄 뿐이다. 그 두 충동은 그리스적인 의지의 어떤 형이상학적인 기적을 통해 결국에는 서로 짝을 맺고 결합하여 최종적으로 아폴론적이면서도 디오니소스적이기도 한 아티카 비극(Attica tragedy) 작품이 산출되는 것이다.

그리스 비극에서 니체가 내세운 예술의 이중적 원천인 두 요소는 음악의 두 신, 아폴론과 디오니소스로 표상된다. 니체는 예술의 이중적 원천으로 이성과 감성을 대비시키고 있으며, 이는 이성의 알레고리로 제시되는 현악기 키타라와 감성과 본능의 알레고리로 표현되는 관악기 아울로스의 대비로 연결된다. 니체는 예술의 이중적 원천으로서 이성과 감성이 공공연히 대립하고 자극하면서 평행선을 이루며 나아가며, 그리스적인 의지의 어떤 형이상학적인 기적에 의한 이들의 결합이 아티카 비극의 예술작품 속에서 용해되어 나타난다고 하였다. 따라서 고대 비극의 의미를 정리하면서 아폴론적인 것과 디오니소스적인 것의 대립과 화해의 의미를 명확히 하고자 한다.

대부분의 학자들은 니체가 비극을 통해 디오니소스적인 것과 아폴론적인 것의 대립을 종합하였다고 주장한다. 그런데 『비극의 탄생』이 발간되기 전에 알려진 자료만으로도 디오니소스적인 것과 아폴론적인 것의 대립을 주장하기는 쉽지 않다.

오토(Walter F. Otto)는 『신의 현현(Theophania)』에서 다음과 같이 말한다.

> 비극은 디오니소스의 숭배의식에서 비롯되고 발전했다. 그러나 그것은 비록 묵시적이긴 하지만 모름지기 그와 아폴론의 정신적 연관성을 증명하고 있다. 비극에 있어서 원래부터 지배적 역할을 하며, 디오니소스적 아울로스로 반주되는 합창과 더불어, 비극작가 아이스킬로스에 의해 완벽하게 주연 자리를 부여받은 대사로 어우러진 비극의 두 얼굴이야말로 바로 디오니소스적인 것과 아폴론적인 것이 서로 결합한 가장 멋진 상징이다.

니체의 영향 이전에는 사람들이 두 신들의 내적 본질적 공통점을 주창했던 것에 반해, 오토는 엄격한 대립성을 강조한다. 그에게 있어 아폴론과 디오니소스는 낮과 밤처럼 확연히 구별된다. 마찬가지로 레스키(Albin Lesky) 역시 그의 저작 『그리스의 비극(Die griechische Tragödie)』에서 아폴론과 디오니소스의 결합, 신화와 로고스의 결합에 관해 주장하였다. 레스키는 디오니소스에게서 황홀함의 마법과 타오르는 열정의 기원을 찾았고, 아폴론에게서 마지막 영적 깨달음을 향한 추구와 사물의 본질을 관통하는 로고스의 힘의 근원을 찾았다. 그는 이들의 결합에서 그리스 비극이라는 기적이 비롯되었다고 보았다. 또한 케레니(Karl Kerenyi)도 니체가 그리스 종교 및 예술세계라는 이중성에 관한 지식을 아폴론적인 것과 디오니소스적이라는 이름으로 유럽의 교육에 도입했다고 주장하였다. 이러한 그의 관심이 그리스 문화 및 종교사일지라도 대립성은 외면하고 싶지 않은 정신사적인 사실이다.

니체는 예술의 본질을 설명하기 위해 그리스 신화로부터 아폴론과 디오니소스적 예술원리를 도입한다. 아폴론 신이 질서, 조화의 미를 추구하는 반면 디오니소스 신은 부조화, 파괴, 괴기스러운 미를 추구한다. 그리스의 예술의 신인 아폴론은 태양의 신으로 질서와 조화를 주재하는 합리성의 신이며, 반면에 디오니소스는 아시아에서 유입된 술의 신으로 자유분방함을 주재하는 광란의 신이다. 여기서 아폴론적인 것과 디오니소스적인 것은 단순히 하나의 개념이라기보다는 상징이며, 특정한 의미를 지시하는 것이라기보다는 다중적인 의미체계를 갖는다.

니체는 고대 음악에서 관악기 아울로스와 현악기 키타라 또는 리라 사이에 근본적인 대립이 존재한다는 보편적으로 인정되는 학설을 받아들였다. 디오니소스를 추종했던 사티로스는 빈번하게 아울로스 연주자로 묘사되는 것을 보더라도 아울로스는 디오니소스적인 것으로 키타라는 아폴론적인 것으로 간주된다. 이후 음악사적으로 아폴론적인 키타라와 디오니소스적 아울로스는 거의 대부분 대립적인 의미로 등장한다. 고대 음악 분야의 최고 전문가였던 작스(Curt Sachs,)도 키타라 음악에서는 그리스의 본질과 예술의 정신, 즉 고상하고 간결한 아폴론적인 측면이 나타나는 반면 아울로스 음악에서는 예술정신들의 원시적이고 육감적이고 정열적이며 도취적인 디오니소스적인 면이 농축된 표현으로 드러난다고 주장하였다.

플라톤의 『국가』를 보면, 소크라테스는 이렇게 아폴론의 악기를 마르시아스의 악기와 대비하였다. 그는 아폴론의 현악기를 선호했지만, 그러나 디오니소스의 관악기를 완전히 배척하지는 않았다. 왜냐하면, 그는 팬플루트(Pan flute)라고도 불리는 시링크스를 명시적으로 인정했기 때문이다. 마르시아스는 또한 시링크스의 발명가로서도 인정받았다. 따라서 『국가』에서 주장한 아울로스에 대한 거부는 마르시아스 개인을 향한 전적인 거부가 아니고, 아울로스와 관련된 연주방식인 폴리코디아(Polychordia)에 대한 반대였다고 하겠다.

5.2. 디오니소스적인 것과 아폴론적인 것의 화해

디오니소스적인 것과 아폴론적인 것의 화해는 심오한 신비주의, 오르페우스 신화로부터 찾아낼 수 있다. 라셀레는 아폴론적인 것과 디오니소스적인 것의 결합을 다음과 같이 지적한다.

> 자그레우스가 갈기갈기 찢어졌을 때 제우스의 명령에 따라 떨어진 팔다리를 수습하고 델포이에 있는 그의 성역으로 가져가 세 발 달린 권좌 옆에 묻은 것은 아폴론이었다. 이 외적인 복귀 행위에서 그는 흩어진 팔다리들을 복원하는 통합적인 힘으로써 제시된다.

비극적인 것은 니체의 철학에서 매우 중요한 역할을 한다. 니체에게 디오니소스적인 것은 '비극적'인 것과 밀접한 관련이 있다. 니체 스스로 『이 사람을 보라(Ecce homo)』(1888)에서 자신을 최초의 비극적 철학자라고 하는데, 이는 자신이 최초로 디오니소스적인 것을 철학적 파토스로 변형시킨 자로서 비극적 지혜를 경험한 사람이라는 의미이다. 디오니소스적인 것의 개념이 니체에게 무엇을 의미하는지에 대한 해답을 얻기 위해서 『디오니소스적 세계관』에서 거론하고 있는 디오니소스의 죽음과 재탄생에 관한 신화에 주목할 필요가 있다.

> 이것은 자연과 인간과의 화해를 축하하는 매혹적 세계이다. 신화는 아폴론이 사지가 찢겨 나간 디오니소스의 신체 부위들을 복원했다고 말한다. 여기서 우리는 분해로부터 아폴론에 의해 구제된 후 이제 재창조된 디오니소스 상을 갖는다. (KGW III-2: DW, 47쪽)

라셀레는 자그레우스의 해체에 관한 이야기 속에서 이들 디오니소스적인 것과 아폴론적인 것의 반정립적 개념을 대표하면서도 서로 상호 간을 보완하는 두 신들의 뚜렷한 관계에 주목하였다. 이러한 반정립적 개념들의 결합이 바로 그리스 종교의 광활한 공간을 포용하는 신화들의 주제였다. 이렇듯 니체에게 디오니소스-자그레우스 신화는 디오니소스적인 것과 아폴론적인 것의 화해를 푸는 열쇠가 된다.

이러한 화해는 고대 신화에서 고대 악기 키타라와 아울로스와 관련하여 두 영적인 신격을 보여준다. 키타라와 아울로스의 만남은 곳곳에서 발견된다. 우선 아테나가 아폴론에게 아울로스 연주법을 가르쳐 주었고, 알크만은 아울로스 연주자로서의 아폴론을 찬양하는 시를 썼다. 그런데 정작 알크만은 자신을 키타라 연주자라고 밝혔다. 알크만은 리디안 출신이었지만 주로 스파르타에서 활동했던 시인이다. 또한 아폴론의 뮤즈들은 로이젠(Roizen)에서 아울로스 연주자 아르달루스(Ardalos)의 이름을 본떠 '아르달리엔(Ardaliden)'으로 불렸다. 호메로스의 찬가에서 뮤즈는 노래, 무용 및 아울로스 연주를 관장하는 임무를 부여받았다. 카르모스와 하모니아의 결혼식에서도 뮤즈들이 아울로스를 연주하였다.

특히 키타라가 아폴론의 현악기라는 일방적인 주장에 대한 반론은 일찍이 고대에도 있었다. 플루타르크에 따르면 아폴론이 키타라 연주뿐만 아니라 아울로스 연주까지도 발명했다고 기록하고 있다. 키타라만이 아폴론의 선물이 아니라 아울로스도 키타라와 함께 아폴론의 악기이다. 그 증거를 신께 드리는 합창과 봉헌제에 아울로스가 반주로 사용되었다는데 찾을 수 있다. 플루타르크에 따르면 또 다른 증거가 델로스의 아폴론 조각상에서 발견되었다. 한 손에는 활을 다른 손에는 리라를 들고 있는 아폴론이 시링크스와 겹 리드 파이프 아울로스를 가진 아름다움을 상징하는 삼미신과 함께 있는 것을 발견할 수 있다.

키타라를 연주하는 아폴론과 아울로스를 부는 마르시아스 사이의 경연 의미를 밝히는 일이 아직 남아있다. 경연에 관하여 많은 해설자는 아폴론 신의 승리가, 관악기에 대한 현악기의 우월성을 상징하는 것으로 이해하였다. 광채 나고 아름다운 빛의 신 아폴론이 키타라에 대응하는 반면에, 아울로스는 납작코의 털북숭이 실레노스에 의해 대표된다는 점에서부터 벌써 해설자들에게는 키타라의 우월성이 자명한 것처럼 여겨졌다.

그러나 프리지아 아울로스 음악가의 우매함에 관한 견해는 플라톤의 『향연』에서 보여주는 알키비아데스의 소크라테스에 대한 찬양 연설과 별로 일치하지 않는다. 그 현명함이 델포이의 퓌티아에 의해 증명된 바 있는 당대 최고의 영리하고 지혜로운 바로 그 사람이 마르시아스와 비교되고 있다. 또한, 다른 구절에 의해서도 자명한 사실은, 실레노스가 결코 우매하다고 여겨지지 않았다는 것이다. 아리스토텔레스에 따르면, 미다스는 실레노스로부터 삶의 지혜를 배우기 위하여 그를 잡아 두게 했다고 한다.

크세노폰에 따르면, 아폴론과 마르시아스 간의 경연은 지혜의 들판에서 벌어졌다고 한다. 알키비아데스는 마르시아스의 아울로스 선율을 신성한 것으로 불렀기 때문이다. 그러나 벌써 경연의 세부사항을 보면 자명해지는 사실은, 그 선율이 전적으로 완벽하다고 여겨졌다는 것이다. 다시 말하자면 마르시아스가 거의 승리할 뻔했다는 것이다. 첫번째 경연에서 그는 아울로스를 너무도 매혹적이고 아름답게 불어서, 뮤즈들과 함께 심판관으로 임명된 미다스 왕은 마르시아스의 승리를 선언하려고 하였다. 그 때문에 미다스는 당나귀 귀가 되는 벌을 받았다. 뮤즈들은 아폴론의 승리를 선언하였다. 루키안(Lukian)의 신들의 대화를 보면, 헤라는 아폴론에게, 그가 단지 뮤즈의 도움으로 승리했다고 단도직입적으로 말한다. 만약 뮤즈들이 편파적인 심판들이 아니었다면, 의심할 여지도 없이 마르시아스가 더 우수한 음악가라는 것을 증명했을 것이다.

플라톤에 관한 기록에 따르면, 그는 아레스와 아테나의 스폰에이아(Spondeia)와 노모이를 그들의 고귀함과 품위 때문에 다른 어떤 음악보다도 선호한다고 하였다. 플라톤은 『미노스』에서 마르시아스와 올림포스를 아울로스 연주법의 입법자라고 칭하였다. 그들을 통하여 아울로스적 노모이가 확립되었다고 한다. 그들의 아울로스 작곡들이 모든 곡 중에서 가장 신성하다고 하였다. 그들만이 깊은 감동을 주었고, 누가 신들에게 근접하는가를 드러내 보여줬다. 바로 그들이 신적인 존재이므로 그들만이 오랫동안 그대로 유지 보존되었다는 것이다.

마르시아스와 올림포스는 고대 그리스의 정신적 영웅 반열에 속한다. 그들이 그리스의 아름다운 음악을 창시했다고 알려져 있다. 아폴론과 마르시아스의 경연에 관한 전설은 낭적(백파이프)의 발명을 내용으로 삼고 있다. 낭적의 등장과 함께, 겹 리드 파이프 아울로스로 실용되던 이음(二音)이 화음을 이루는 다음(多音)으로 발전하게 되었다. 이처럼 그리스인들은 조화, 아름다운 소리와 깨끗한 선율을 지향하는 디오니소스적 아울로스 음악을 모든 다른 예술보다도 선호하였다는 것을 알 수 있다.

모든 그리스 부족 중 아울로스를 가장 잘 다루는 보이오티아인들 역시 그들의 연주가 아테나 덕분이라고 하였다. 전쟁의 신 아레스와 사랑의 신 아프로디테의 딸인 하모니아(harmonia)가 테베의 왕 카드모스와 결혼했을 때, 아테나는 그녀에게 아울로스를 선물로 주었다. 하모니아는 전쟁의 신과 사랑의 여신 사이 딸의 이름이기도 하다. 그녀의 이름은, 어떤 방식으로 고대사회가 올림포스산 안에서 정반대의 대립과 균형을 상상했는가를 암시해 주고 있다.

하모니아와 카드모스의 딸이 디오니소스의 어머니 세멜레였다. 그러니까 뮤즈의 리더, 디오니소스는 하모니아의 손자였다. 중요한 것은, 아테나가 하모니아에 결혼 선물로 이중 아울로스를 주었고, 똑같이 하모니아(Harmonia)라고 불리는 이명동음(Enharmonik)인 겹 리드 파이프 아울로스를 통해 개발되었다는 사실이다. 이러한 아테나의 겹 리드 파이프 아울로스와 테베의 신부 하모니아와의 신화적 만남은, 아테나에서 원래부터 반론의 여지가 있다고 받아들여졌던 아테나의 허영심에 관한 전설에 비해 훨씬 더 중요하게 생각해야 한다. 기원전 402년에 디티람보스 하나로 아테네를 정복했다는 시벨리우스 출신 텔레스테스(Telestes)도 아테나가 그녀의 아름다움을 염려하여 아울로스를 내던졌다는 의견에 반대하였다.

니체의 예술철학에는 창조의 개념이 일관되게 자리하고 있다고 말한다. 그는 비록 근원적 일자가 힘에의 의지로 대체되었지만, 영원한 모순과 이로 인한 파괴와 창조의 영원한 작용은 양자 모두에게 공통으로 적용될 수 있다고 말한다. 니체에게 비극적 사유는 바로 '자유정신'[18]이며 창조함

[18] 개인적 경험의 영역, 철학적 모험, 문학적 표현들은 모두 니체의 자유라는 문제로 집결된다. 그는 가족, 소속계층, 국가, 직업 등 사회의 의무로부터 완전히 자유로워질 것을 선택하였다. 그는 그러면서도 우정을 동경하고, 공적인 것을 동경하고, 제자들에 대한 깊은 동경을 간직하고 있었다. 그는 자신

이다. 이는 그의 『차라투스트라는 이렇게 말했다』에서 다음과 같이 말하고 있다.

> 그리고 너희가 세계라고 불렀던 것이, 그것이 먼저 너희들에게 의하여 창조되어야만 한다. 너희의 이성, 너희의 영상, 너희의 의지, 너희의 사람이 세계 그 자체가 되어야 한다. 그리고 진실로 그것은 너희의 행복을 위한 것이어야 한다. 너희 인식하는 자들이여! (KGW III-2: DW, 47쪽)

니체에 의하면 아폴론이 예술의 신으로 될 수 있었던 것은 꿈의 표상을 상징하는 신으로 존재하는 한에서만 그렇다. 꿈의 세계에서 아름다운 가상이 아폴론 신이었다. 니체는 꿈의 경험에 필연적으로 수반되는 기쁨을 그리스인들이 아폴론 신이라는 형상 속에서 표현했다고 보았다. 신화가 현실을 지배하던 시대를 살고 있었던 그리스인들에게 그들의 현실을 진단하고 앞일을 예견해내는 그러한 힘이 예언의 신 아폴론에게 있다고 믿었다. 그들은 그들의 한계에 봉착해서 겪게 되는 고통과 고뇌를 극복하기 위해 그들의 앞날을 예견해주는 신탁이 중요하였다. 아폴론은 어둡고 혼란스러운 신화에 밝고 조리 있는 로고스의 빛을 비추어 진리로 이끄는 힘이라 할 수 있다. 그리스 정신이 카오스 혼돈으로부터 정돈되어 하모니, 즉 화해로 나아가는 것이라면 아폴론적인 것은 가상을 산산이 부수는 디오니소스적인 힘이 필요하다.

따라서 인간의 활동, 특히 움직이며 춤추는 율동을 포함한 모든 신체의 표현은 디오니소스적 충동에 따르는 것으로 삶에 대한 긍정을 상징화한 것이다. 이를테면 무용이 안무가에 의해 하나의 작품으로 창조되었을 때, 그 작품은 그의 이념, 감정, 정서, 정열은 존재자의 의지를 담고 있다. 이

의 건강, 기질, 직업적 전망의 불투명 등 모든 개인적 상황을 고려하여 자기에게 그러한 자유의 선택을 강요하였다. 이것이 그가 자신의 철학에 반영시키고자 한 운명애이고 인생의 경험이다.

러한 것들은 움직임을 통해 표현한다. 이러한 움직임들은 어떠한 한 형식으로 조형화되며 아폴론적 현상 속에 객관화되어 나타난 디오니소스적이다. 그래서 아폴론은 인간을 마야의 베일로 감싸준다. 이는 두렵고 유감스러운 존재가 당면하고 있는 거친 현실로부터 인간을 보호해 주는 신이다. 그리고 디오니소스는 마야의 베일을 거두고 직접적이고 매개되지 않은 채로 현실에 참여할 수 있는 길을 열어준다. 디오니소스적이고 아폴론적인 것의 화해가 비극적 삶과 예술에 대한 태도를 관통하는 주제이다. 특히 이러한 비극적 환희에서 가장 강력하게 반영된다. 이것이 바로 니체가 말하는 원초적 고통과 모순을 구원하는 아름다운 가상, 즉 미학적 현상인 것이다.

니체는 디오니소스적 긍정의 철학을 말하는 철학자이다. 이 철학은 생성에 대한 철학적 해명과 정당화 프로그램을 통해 존재하는 모든 것을 생성하는 것으로 규명한다. 이는 생성적 성격을 지닌 모든 것의 필연성과 유의미성을 도출해낸다. 그것에 대한 조건 없는 긍정을 철학적으로 보증하고 싶어 한다. 그러한 사유는 '긍정의 파토스'로 나타나고 역동적인 다양성 속의 통일성을 이루게 된다. 그래서 디오니소스적 긍정의 철학을 완성하게 된다. 여기서 니체는 디오니소스적 긍정의 주제를 위버멘쉬(Übermensch)라는 존재 양태를 가능하게 하는 것으로 영원회귀 사유를 제시한다. 이렇듯 디오니소스적 긍정은 위버멘쉬적 존재로서의 변화에 의해만 가능하게 된다. 위버멘쉬적 존재로의 변화는 곧 인간의 자기 긍정의 표현이다. 따라서 이는 인간의 운명에 대한 사랑이다. 니체가 운명애를 디오니소스적 긍정의 최고의 표현으로 제시하는 것은 이런 맥락에서이다. 운명애는 인간의 힘에의 의지를 통해 자기 극복의 기회를 운명과 고통에의 의지로 정식화한 것이다.

6. 니체의 비극 『차라투스트라는 이렇게 말했다』

> 이제 나는 『차라투스트라는 이렇게 말했다』 내력을 이야기하겠다. 이 작품은 근본 사상인 영원회귀 사상, 일반적으로 이를 수 있는 이 최고의 긍정 형식은, 1881년 8월 어느 날 생겨났다. 그것은 "인간과 시간의 6천 피트 저편"이라고 서명된 채 종이 한 장에 휘갈겨졌다. (KGW VI-3: EH, 333쪽)

1881년 8월경 니체는 실스마리아(Sils Maria)의 실바플라나(Silvaplana) 호수에서 갑자기 영감을 받아 떠오른 사상이라고 회고한다. 니체에게 지식과 경험의 진정한 양식은 마치 불협화음같이 비점진적이고 파격적인 지각, 불현듯 떠오르는 통찰이나 갑작스러운 확신, 번갯불 같은 영감 등 단편적이고 끝없이 이어지는 생동감 넘치는 철학적 사색들이다.

> 나와 내 작품은 별개다. 내 작품들에 대해 말하기 전에 여기서 나는 그것들이 이해되고 있다는, 혹은 그것들이 이해되지 한다는 문제를 다루어 본다. …… 나의 문제를 다루기에는 아직은 때가 아니기 때문이다. 나 자신의 때도 아직은 오지 않았다. ……언젠가는 내가 이해하는 삶과 가르침을 사람들에게 가르치게 될 기관이 필요할 것이다. ……나는 혼동되는 것을 원하지 않는다. 게다가 나는 나를 자신과도 혼동하지 않는 것도 그러하다.
>
> (KGW VI-3: EH, 296쪽)

니체의 『차라투스트라는 이렇게 말했다』라는 부제에 보듯이 '모두를 위하면서도 그 누구를 위한 것이 아닌 책'이다. 이 저서는 니체의 중요한 핵심 사상들이 언급되어 있기에 모두가 읽어야 하는 책이지만, 일관된 것이 없어 결코 이해하기 쉬운 책이 아니다. 왜냐하면, 이 책은 '그 누구', 즉 니체나 차라투스트라를 찾는 것이 아니라, 독자 스스로가 자기 가치를 창조하는 실존적인 독서방식을 권하고 있기 때문이다. 이때 실존적인 독서는 텍스트를 읽으면서 저자의 권위에 압도당해 맹목적으로 따르거나 텍스트의 내용을 추상적이고 문자적으로 이해하는 것을 거부한다. 니체에 따르면 모든 영혼에는 저마다의 세계가 있다. 각각의 영혼마다 다른 영혼은 하나의 배후세계이다. 우리는 이제 실존적인 독서방식을 통해 자신만의 고유한 실존적인 길을 찾아 결단하고 감행하기를 기대할 수 있다. 왜냐하면, 우리 자신이 구체적으로 감행하는 실존적 진리도 각기 다르며, 우리가 실존적 진리에 이르는 길도 각기 다르기 때문이다.

니체에게 진리란 무엇인가? 은유(Metapher), 환유(Metonymien), 의인화(Anthropomorphismen) 등 유동의 무리들이다. 즉 시적(poetisch), 수사학적(rhetorisch)으로 고양되고 전용되며 장식되어 이를 오랫동안 사용한 민족에게는 확고하고 교의적이며 구속력이 있는 것으로 여겨지는 인간적 관계들의 총체이다. 니체에게 진리자체는 존재하지 않으며, 진리는 인간이 살아가는데 필요한 생존하기 위해 선택한 해석에 불과하다. 진리가 그 자체로 존재하는 명료한 것이 아니라면 이제 진정한 진리는 '수수께끼' 혹은 '대담무쌍한 인식의 미로'로 '언어와 진리의 배후'를 담을 수 있는 방식으로 은유이어야 한다. 이제 인식의 수수께끼를 미지의 새로운 진리를 향해 떠날 수 있는 용기가 필요하다. 따라서 세계는 무한한 해석을 그 자체 내에 포함하고 있으므로 그의 철학은 관점주의(Perspektivismus)에서 나온 것이다.

『차라투스트라는 이렇게 말했다』라는 구성상 주제나 내용뿐만 아니라 표현상 독특한 문체를 사용하고, 수많은 잠언(Aporism), 은유(Metaphor)나 시적 표현, 우화 등 비유와 상징들로 가득하다. 은유는 지금까지 은폐되고 잊히었던 근원적 언어이자 새로운 언어이다. 사물 자체는 우리에게 알려지지 않는다. 왜냐하면, 우리에게 주어지는 것이 처음부터 은유이지 때문이다. 사물 자체를 생략의 과정을 통해 단순화한 언어 상징적 기호화한 언어보다는 사물 자체에 더 가까운 것은 바로 은유이다. 따라서 이러한 은유를 담고 있는 아포리즘, 경구들은 하나의 해석으로 고정되는 것이 아니라 여러 가지 해석을 가능케 한다. 이때 어떤 해석이 절대적으로 옳은지 결정되지 않는다. 경구를 해석하기 위해서는 모든 해석의 가능성을 열어 두고 반성해보는 자유정신이 요구된다.

그에게 첫번째 은유는 신경 자극을 우선 하나의 상(象)으로 옮기는 것이며 두번째 은유는 하나의 음성으로 만드는 것이다. 그리고 그때마다 영역을 완전히 건너뛰어, 전혀 다른 새로운 영역으로 들어가게 되는데 니체의 개별적 경구들은 자주 문장부호들로 끝나는데, 사이의 거리감이나 파사주의 문단들 사이의 여백들, 마침표들, 그리고 붙임표들이 진리를 위한 자리를 만들게 된다. 또한 니체가 표현하는 문장들에는 같은 것이 변화하고 고양되는 형상들이 반복적으로 나타난다. 그래서 그러한 문장들은 서정시의 구성형식, 즉 시형들의 병치가 존재하며, 그 속에서 새로운 내용을 보여주려는 산문의 목표와 연결된다. 하지만 이런 문체가 예고 없이 등장한 것은 아니다.

차라투스트라는 위버멘쉬에 대한 보편타당한 개념을 제시하는 것이 아니라 다양하게 해석할 수 있는 기호들을 항상 새롭게 변모하는 상들, 가령 물, 호수, 하천, 물결, 바다 같은 은유들을 제시한다. 또 의식적으로 이와 반대되는 다른 은유들, 가령 번개, 계단, 다리, 구름, 신, 악마 등의 은유를 제시한다. 차라투스트라는 위버멘쉬라는 기호를 이런 은유들의 그물망 속에 결코 단단히 고정해 놓지 않는다. 『차라투스트라는 이렇게 말했다』에서 철학적 지혜를 전달하는 방식은 바로 이런 디오니소스적 합창과 유사하다. 이런 전달방식을 니체는 『이 사람을 보라』에서 "내적 상태"와 "감흥"과 "파토스"를 중계해주는 것이며, 이것이야말로 좋은 문체의 특징이라고 주장한다. 이러한 그의 독특한 문체들로 표현된 세계는 모든 것이 허

용된 관점주의에 근거하여 자신의 자유로운 사상을 펼치고 있다. 이 때문에 그것이 무엇을 의미하는지를 보편타당한 방식으로 확신할 수는 없다. 그러나 니체에게 이 책은 독자 자신이 '지금 여기(hic et nunc)'에서 너무나도 풍요롭고 너무나도 따뜻하고 너무나도 열정적으로 체험하는 '삶의 찬가'라고 할 수 있다.

6.1. 차라투스트라는 누구인가?

차라투스트라(Zarathustra)[19]는 니체 자신의 이상을 대변하는 선지자이자 니체 자신이었다. 차라투스트라는 원래 그리스어로 조로아스터(Zoroaster)[20]로 정확한 연대는 알 수 없지만, 기원전 600년 이전 페르시아의 위대한 예언가로 조로아스터교의 창시자이다. 니체의 차라투스트라는 종교적 조로아스터와는 관계없지만, 그의 가르침이 니체에게 영향을 준 것은 사실이다. 차라투스트라는 유일 창조신인 아후라 마즈다를 모신 예언자였다. 아후라 마즈다는 여러 신적 존재들, 아샤(Asha, 정의), 위흐 마나흐(Vohu Manah, 선한

---

19) 니체의 '차라투스트라' 와 종교 창시자 '조로아스터' 는 외형상 유사한 점이 몇 가지 있다. 예컨대 조로아스터가 웃으면서 태어났다는 전설이 있는데 차라투스트라도 웃음을 높이 평가하고 있다. 조로아스터가 마술사와 싸워 이긴 것처럼 차라투스트라도 마술사를 적대시한다. 둘 다 방랑자이며 동물들이 친구가 되었다. 조로아스터에게는 늑대와 말이, 차라투스트라에게는 독수리와 뱀이 길동무가 된다. 니체의 시선을 끈 것은 조로아스터가 새로운 도덕의 창시자로 용감하게 전통적인 세계에 도전한 사실이었다. 조로아스터가 선과 악을 다 같이 삶의 요소로 인정하는 것은 디오니소스적 정신이기도 하였다.

20) 조로아스터교를 창시한 차라투스트라는 최고의 신 아후라 마즈다로부터 직접 새로운 종교를 받았다. 마즈다교는 빛과 선의 신, 아후라 마즈다와 어둠과 악의 신, 앙그로 마이뉴(Angro Mainyu)의 끊임없는 투쟁의 장이 이 세계라고 하는 이원론적인 우주관에 입각한 교의를 설파하였다. 조로아스터교에서도 희생제의 불을 앞에 두고 획득되는 "지혜" 나 내면적인 "깨달음" 을 가장 중요하게 생각했던 것으로 보인다. 차라투스트라는 악과 죽음의 힘과 싸우며, 생명, 풍요, 선의 승리를 위해 이바지하는 선한 종교를 통해 우주의 재생을 기대하였다. 차라투스트라가 직접 썼다고 생각되는『가타(gāthās』는 그의 교의의 전모를 전해주고 있다.『가타』는 차라투스트라의 교의의 전모를 전해주고 있다. 여기서 마즈다 교에 특징적으로 보이는 두 개의 모티브, 즉 초자연적인 빛의 경험 및 엑스터시스 상태에서 보이는 '환영' 은 고대 인도에서 발견되고 나중에 크게 발전한다. 중요한 것은 차라투스트라에 특유한 종교 경험의 유형을 밝히는 일이다. 차라투스트라도 "엑스터시스 상태에 들어갔다." 가 반복 언급되고 있다. 차라투스트라가 경험한 감동적인 환영은 샤먼적 구조와 다르게 마즈다교의 "신비체험" 으로 종말론적 희망에 불타는 의례적 실천의 결과였다.

생각), 아르마티(Ārmaiti, 헌신), 흐샤트라(Xshathra, 왕국, 권력), 하우르와타트(Haurvatāt, 완전, 건강), 아므르타트(Ameretāt, 불사) 등 모든 신적 존재들(amesha spenta)을 낳았다. 아후라 마즈다는 사유를 통해 천지를 창조한 시작이자 끝이다.

『가타』에 따르면 그에게는 또한 쌍둥이 아들이 있었는데, 스펜타 마뉴(Spenta Mainyu)는 선과 생명을, 그리고 앙그라 마뉴(Angra Mainyu)는 악과 죽음을 선택하였다고 한다. "세상의 처음"에 스펜타 마뉴는 파괴의 신에게 이렇게 말한다. "우리 둘은 생각, 이념, 정신적인 힘, 선택방식, 언어 행동, 양심, 영혼, 그 어느 것도 일치하지 않는다". 이처럼 두 신이 한쪽이 선하고 다른 쪽이 악한 것은 본성 때문이 아니라 선택에 의한 것이다.

> 이 비밀을 나에게 말해준 것은 삶 자체였다. 보라, 나는 언제나 자기 자신을 극복해야만 하는 그 무엇이다. …… 나는 투쟁이자 생성이고 목적이며, 여러 목적의 모순이어야 한다. 내가 무엇을 창조하든, 그것을 얼마나 사랑하든, 나는 이내 내가 창조한 것과 내가 사랑한 것의 적이 되어야 한다. 내 의지가 이를 바라기 때문이다. 그리고 선과 악의 창조자가 되려는 자는 참으로 먼저 파괴자가 되어, 가치들을 깨부수어야 한다. (KGW VI-1: Z II, 369~372쪽)

전지전능한 신은 모든 모순을 초월한 존재라는 사실은 이분화와 양극화, 교환성과 이원성, 대립적 쌍의 역의 합일(coincidentia oppositorum) 등에 관한 서로 다른 신화-의례적 체계, 다시 말해 우주적 리듬과 현실의 부정적 측면 그리고 무엇보다도 악의 존재를 총체적으로 설명하는 사유의 체계를 발견할 수 있다. 그러나 차라투스트라는 이러한 영원한 문제에 새로운 종교적, 윤리적 의미를 부여하고 있다.

> 처음으로 차라투스트라는 선과 악의 투쟁에서 사물을 움직이는 본래의 수레바퀴로 보았다. - 도덕을 형이상학적인 것으로, 그러니까 힘, 원인, 목적, 그 자체로서 옮겨 놓은 것이 그의 작품이었다. (KGW VI-3: EH, 365쪽)

그런데 시작과 끝인 유일 창조주 아후라 마즈다에게는 있을 수 없는 것이 우주의 순환, 곧 만물의 영원한 회귀이다. 따라서 니체의 차라투스트라는 선과 악을 기반으로 한 도덕을 만들고 그 자신이 영원회귀를 가르치는 교사였다. 이렇게 차라투스트라는 인간 세상으로 내려간다. 이것을 차라투스트라는 몰락이라고 부르고 있다.

6.2. 차라투스트라의 가르침, 영원회귀

차라투스트라가 그의 나이 서른이 되던 해에 고향과 고향의 호수를 떠나 산속으로 들어갔다가 산속 동굴에서 10년을 지내고, 동굴을 떠나기에 앞서 떠오는 태양을 보고 다음과 같이 외친다.

> 그대(태양) 위대한 천재여! 그대의 빛이 밝힐 그 누가 없다 해도 그대는 행복하겠는가!....... 그대(태양)는 지난 수십 년 동안 여기 나의 동굴을 밝혀주었다. 하지만 나의 독수리 그리고 나의 뱀이 없었다면 그대는 그대의 빛과 그 빛의 여정에 지쳐 있었을 것이다. (KGW VI-1: Z I , 5쪽)

여기 서막은 니체가 차라투스트라의 가르침을 베풀어주는 미덕에 관한 이야기이다. 태양은 차라투스트라의 가르침의 원천이다. 태양은 자신의 넘치는 빛을 아무런 대가 없이 한없이 비추듯이 차라투스트라도 인간을 사랑하기에 자신의 넘쳐나는 지혜를 베풀어주고 나눠주려고 한다. 드디어 차라투스트라는 용기를 내어 세상 속으로 '내려감'을 시작한다. 그가 가지고 내려온 선물은 우리에게 그 차고 넘치는 빛을 '베풀어주려고' 하는 것이다. 사람들 대부분은 자신들이 따를 수 있는 가르침을 원하지만, 그의 선물로 받은 가르침은 그들 스스로가 결론을 도출해내야 한다. 차라투스트라의 가르침은 만일 저편에 놓여 있는 또 다른 입장으로 어쩌면 이론적으로 어떤 입장이 전제되어야 할 것이다.

이런 식의 예측 불가능한 영향 작용은 '주는 것(Geben)'이고 베푸는 것(Schenken)이며 '창조하는 것(Schaffen)'이다. 먼저 주는 것은 그것은 자신도 똑같은 종류로 되받는 것을 기대하지 않으면서 행하는 것이고, 베푼다는 것은 상호성이 필요하지 않으며 창조하는 것 또한 또 다음의 방향설정을 그것 고유의 방식으로 계속 일어나도록 하는 것이다. 이러한 의미에서 주고 베풀고 창조하는 것 하지만 가르치지 않는 태양의 작용과 같은 것이다. 개인 각자에게 필요한 새로운 방향설정의 가능성과 삶의 가능성이 마련되기 위해 표면적으로 보편타당한 것으로 보이는 존재론적이고 도덕적인 규범을 넘어서는 것이 중요하다.

그리고 독수리와 뱀은 차라투스트라가 동굴에서 함께 있었던 동물들이다. 독수리와 뱀은 긍지와 영리함을 가지고 자신의 길을 헤쳐 나가는 차라투스트라에 대한 은유이다.

> 이것은 태양이 그의 머리 위에 있을 때 차라투스트라가 마음속으로 한 말이었다. 그때 그는 이상한 생각이 들어 하늘을 올려다보았다. 날카로운 새 울음소리가 들렸기 때문이다. 보라! 독수리 한 마리가 크게 원을 그리며 하늘을 날고 있는 것이 아닌가? 그리고 독수리에게 뱀 한 마리가 매달려 있는데 그 뱀은 독수리의 먹이가 아니라 친구처럼 보였다. 목을 감은 채 의지하고 있는 것으로 보아 그러하다. (KGW VI-1: Z I , 21쪽)

먼저 독수리는 가장 긍지가 강한 동물이다. 긍지는 높은 곳으로부터 즉 상위에 존재하면서 자신을 규정하며 상위에 머무르는 것이지, 오만이나 자만과는 다른 것이다. 원래 독수리는 프로메테우스를 괴롭히는 제우스의 새로서 태양의 새, 불새(Phoenix)이다. 독수리는 스스로 죽음과 새로운 삶을 추구하며, 높은 하늘을 날아다니며 하늘과 땅을 지배는 왕의 이미지를 갖는다. 이러한 맥락에서 독수리는 게르만 신화의 최고의 신 오딘이나 로마 황제를 떠오르게 한다. 고대 게르만인에게 독수리는 용감한 전사들을 이끄는 새로 알려져 있다. 게르만 신 오딘은 종종 독수리로 변신하기도 한다. 니체는 독수리를 황제, 즉 저 태양 아래서 가장 긍지 높은 동물이라 칭하고 또 그림자가 가장 짧은 시간인 정오의 동물이며, 정오의 독수리는 커다란 원을 그리며 날고 있는데 그것은 독수리가 영원회귀를 상징한다.

대지의 동물인 뱀도 게르만 신화에 나타난다. 이 신화에 등장하는 미드가르드 뱀은 세계목을 상징하는 아그드라실의 밑동에 살면서 세계를 지탱해 주는 존재이다. 이 거대한 뱀은 세계를 흔들고 독을 오염시켜, 결국 종말에 이르게 한다. 그런데 종교적으로 그리스도교에 등장하는 뱀은 유혹자이자 동시에 죽음을 끌어들이는 악의 상징으로 나타난다. 뱀은 세계의 종말, 혹은 창조 이전의 카오스를 뜻하기도 한다. 니체는 뱀을 '저 태양 아래서 가장 영리한' 동물로 묘사한다. 이때 영리함은 부정과 긍정, 죽음과 삶의 순환 가운데서 자신을 상실하지 않으면, 때로는 자신을 숨기도 하면서 이 모든 존재 현상을 '놀이'로써 자유롭게 제어하는 힘을 뜻한다.

니체는 높은 하늘에 원을 그리며 날고 있는 독수리도 마찬가지로 그 독수리 부리를 동그랗게 휘감고 있는 뱀은 모두 영원회귀의 사상, 기존의 진리의 죽음과 새로운 삶이라는 순환을 상징한다. 긍지와 영리함은 영원회귀를 풀어나갈 수 있는 능력, 즉 '힘에의 의지'를 뜻한다.

> 나 다시 오리라. 이 태양, 이 대지, 이 독수리, 이 뱀과 함께 그렇다고 새로운 삶이나 좀 더 나의 삶, 아니면 비슷한 삶으로 다시 돌아오는 것이 아니다. 더없이 큰 것에서나 더없이 작은 것에서나 동일하게, 그리고 똑같은 삶으로 영원히 돌아오는 것이다. 또다시 만물의 영원한 회귀를 가르치기 위해서 말이다.
>
> (KGW VI-1: Z I ,31~38쪽)

니체는 고통 속에서 "오! 영혼이여, 나는 너를 사랑하노라"며 부르짖는다. 어떤 일이 일어났고 또 바로 이 순간의 일도 언젠가 일어났던 일이다. 그러면 지금 일어난 일도 또 언젠가는 일어날 것이다. 이렇게 존재의 바퀴는 영원히 돌고 돈다. 모든 것은 시들어가며, 모든 것은 다시 피어난다. 존재의 해는 영원히 흐른다.

6.3. 차라투스트라의 새로운 인간상, 위버멘쉬

차라투스트라는 위버멘쉬를 위한 인류의 자기-극복의 모범이다.

> 나 너희들에게 위버멘쉬Übermensch를 가르치노라 사람은 극복되어야 할 그 무엇이다. 너희들은 너희 자신을 극복하기 위해 무엇을 했는가?
>
> (KGW VI-1: Z I , 31~38쪽)

인간의 정신이란 머물러 있는 상태(being)가 아니라 자기 삶의 자리에서 자기 관점에 대한 일면성을 파악하고 거기서 멈추지 않고 더 높은 차원으로 생성하는 것 즉 되어가는(becoming) 승화함을 보여주기 위한 것이다. 니체의 자기 극복은 낙타-사자-어린아이로 세 단계 변화 과정은 차라투스트라의 내면을 반영하는 존재들로 나타난다. 이들 존재는 인간이 자기 자신의 긍정을 실현해가는 과정으로 니체는 어떻게 정신이 낙타가 되고, 낙타가 어떻게 사자가 되며, 마지막으로 사자가 어떻게 어린아이가 되는지를 설명한다. 그 첫 번째 변화는 '낙타'의 비유이다. 낙타는 눈이 가려진 채로 아무것도 자기 눈으로 볼 수 없으며, 오직 제 등에 실린 짐만 의식하고 사막을 지나간다.

> 공경하고 두려워하는 마음을 지닌 억센 정신, 짐을 넉넉히 질 수 있는 정신에는 무거운 짐이 허다하다. 정신의 강인함, 그것은 무거운 짐을, 그것도 더없

이 무거운 짐을 지고자 한다. (KGW VI-1: Z I , 25쪽.)

낙타는 자신이 알고 있는 가치가 진리인지 아닌지에 대해 질문하지 않는다. 이는 자신에게 주어진 초월적 이념이나 신앙을 진리로 여기며 삶을 견디는 성실성이다. 일반적으로 성실성(誠實性)은 종래의 규범을 거부하거나 머뭇거리지 않고 묵묵히 일상을 충실하게 이어갈 수 있는 참을성을 의미한다. 이는 비유적으로 낙타의 정신은 '너는 마땅히 해야만 한다(You should).'라는 전통적인 세계관에 대한 복종을 의미한다. 복종하면서 낙타는 사막에서의 힘든 삶의 대가로 오아시스라는 환상을 꿈꾼다. 그 가치의 진실 여부를 묻지 않고 순종하는 낙타는 현대인과 최후의 인간에 대한 은유이다. 낙타의 긍정은 실재에 집착하는 현실주의적 태도이다. 그러나 낙타의 단계에서 의지는 성실성의 감춰진 이면인 권태로움으로 표상될 수 있다. 권태로움은 자기의 사고와 감정, 정서와 충동이라는 복합적인 의지작용이 매개되지 않은 경우이다.

> 성실함이 어느 날 피로에 지쳐 한숨을 쉬고 손발을 뻗으며 자신을 너무 가혹하다고 느끼고……. 더 편하고 더 부드러운 것을 지니고 싶어 해도 우리는 엄격한 태도로 남아있자……. 성실에서 벗어나 권태로운 사람이 되지 않도록 주의하자고 강조한다. (KGW VI-1: Z III, 212쪽)

니체는 성실성의 이면인 무감각하게 순응하는 권태로움을 비판하고 있다. 니체는 낙타의 정신에서 보여주는 삶에의 긍정 의지를 발휘하기 위한 성실성을 우선적으로 논의하고 있으며 새로운 삶의 생성을 위해 반드시 극복되고 승화되어야 할 변화의 단계로 두고 있다. 이제 쓸쓸하기 짝이 없는 사막을 질주하던 낙타는 걸음을 멈추고 뒤를 돌아보았다. 아무도 없었다. 짐을 내려 보았다. 무겁기만 할 뿐 그 속에는 아무것도 없었다. 주인으로 믿어 왔던 신은 존재하지 않고 그동안 힘겹게 지고 있던 초월적 이념과 신앙 역시 허구라는 것을 깨닫는 순간이었다. 이곳에서 정신은 두번째 변화, '사자'가 된다. 사자는 자유정신을 가지고, '강한 사자', '웃는 사자'라는 은유로 묘사된다. 여기서 웃는 사자는 최종적 변용을 준비하는 사자이다. 이는 비유적으로 사자의 정신은 '나는 하고자 한다(I will)'이며, 의무적으로 살아가는 것이 아닌 진정으로 원해서 삶을 긍정하는 것이다. 사자는 부정하는 용기이고 자유를 위해 투쟁하는 정신이며 기존의 가치를 전도하는 정신, 말하자면 '성스러운 부정'을 말할 수 있는 존재이다. 그런데 낙타의 정신 입장에서 사자의 정신은 파괴자, 약탈자, 선악을 부정하는 자로 보인다. 따라서 사자의 포효는 기존 세계의 해체와 새로운 세계의 조짐을 알리는 소리이다. 그러나 사자는 성스러운 부정을 할 뿐 아직 성스러운 긍정에 도달하지 못하였다. 즉 어디를 향해 무엇을 위해 질주해야 하는지 알 수 없게 된 것이다. 따라서 사자의 정신은 새로운 것을 창조하고 긍정하는 정신인 '어린아이'로 변해야 한다.

세 번째는 '어린아이'의 정신의 비유이다. 어린아이의 긍정은 낙타의 긍정과 다르다. 낙타의 정신은 구속된 채 복종하는 긍정의 정신이라면, 어린아이의 정신은 부정을 극복한 긍정의 정신이다. 이렇게 부정을 극복하고 모든 것을 거룩하게 긍정하는 정신을 니체는 '디오니소스적 긍정'이라고 부른다. 특히 디오니소스적 긍정을 노래하는 음악은 근본적으로 '파괴'와 '생성'의 디오니소스적 놀이로 표현될 수 있다.

> 어린아이는 순진무구하며 망각이며, 새로운 시작이며, 하나의 놀이이며, 스스로 힘으로 굴러가는 바퀴, 최초의 움직임이며, 하나의 신성한 긍정이다. 그렇다, 창조의 놀이를 위해서는 나의 형제여, 신성한 긍정이 필요하다. 이제 정신은 의지를 원하고, 세계를 잃어버린 자는 스스로 자신의 세계를 획득하게 된다. (KGW VI-1: Z I , 21쪽. 27쪽)

우선 니체에게 진정한 어린아이의 정신은 순진무구함이며 망각이다. 이 때 순진무구함과 망각은 새로운 놀이를 시작하기위한 전제조건이다. 망각은 과거가 현재를 지배하는 것을 저지하는 것이며, 동시에 새로운 것이 창조되는 것을 가능하게 하는 것이다. 이러한 새로운 시작은 바로 어린아이의 순진무구함과 망각이다. 아무런 전제도 없이 새롭게 시작할 수 있는 놀이의 정신 속에서 구현된다. 어린아이에게 주사위 던지기 놀이는 할 때마다 항상 다르고 새롭다. 그의 새로운 호기심과 기대감이 신나게 주사위를 던지게 한다. 학자는 동일성을 확인하는 차원에서 주사위를 던지지만, 어린아이에게는 주사위 던지기라는 행위의 반복이 생성성의 반복, 새로움의 반복이다. 따라서 망각은 "힘의 강인한 건강"을 의미한다. 아이의 정신은 세계의 목적과 원인을 알지 못한다. 그러므로 어린아이는 항상 즐겁게 놀이할 수 있는 것이다.

어린아이는 기존의 퇴락한 가치로부터 자유로우며, 새로운 가치를 실현할 가능성 그 자체이다. 이는 비유적으로 어린아이의 정신은'나는 나이다(I am)'이며, 이제 정신은 자신의 의지를 원하고, 세계를 잃어버리는 자는 스스로 자신의 세계를 획득한다. 니체에게 놀이하는 어린아이는 니힐리즘을 극복하고 새로운 세계의 창조가 어떤 방식으로 가능한지를 보여준다. 여기서 순진한 어린아이의 모습으로 나타나는 신성은 니체가 제시한 또 하나의 예술적 현상으로만 정당화될 수 있다. 따라서 니체의 어린아이를 죄책감이나 부끄러움에서 자유로운 '순진무구한 존재' 이전의 모든 왜곡된 가치를 '망각하는 존재', 아무런 전제도 없이 '새롭게 지각할 수 있는 존재', 스스로 힘으로 돌아가는 '최초의 운동'이자 '스스로 명령을 내리는 자'라고 표현한다. 어린아이가 상징하는 것은 '우연', '놀이', '신성한 긍정'을 상징한다. 마지막으로 놀이하는 어린아이의 정신은 사자의 부정적인 자유를 극복한 '신성한 긍정'이다. 니체에게 '모든 것이 놀이이다', 따라서 '힘에의 의지', '영원회귀' 그리고 '운명애' 등 자신의 중요한 이론들이 모두 놀이로 이해될 수 있다.

특히 '스스로 힘으로 돌아가는 바퀴'는 니체의 영원회귀를 의미한다. 영원회귀란 이미 한번 일어났던 바의 모든 것이, 지금 여기에서 똑같은 방식으로 일어나고 미래에도 똑같이 일어나리라는 것을 말한다. 놀이하는 어린아이의 정신은 최종적으로 삶에 대한 절대적 긍정으로 이어진다. 니체는 하나의 '미학적 정당화'로서 어린아이의 이미지를 제시하고 있다. 니체가 제시하는 어린아이의 의미는 선악을 초월할 뿐만 아니라 모든 갈등, 모든 대결을 뛰어넘는다. 어린아이의 '신성한 긍정'은 영원회귀가 함축되는 순간과 영원의 일치, 우연과 필연의 일치가 도달한 "긍정의 최고 형식"이다.

어린 아이의 신성한 긍정은 바로 대지와 위버멘쉬의 의미이다. 위버멘쉬는 대지의 뜻이다. 우연을 구제하는 자로서 차라투스트라가 쓰는 새로운 서판에 올릴 새로운 가치는 바로 생성, 우연, 순간, 차이, 웃음, 그리고 춤 등이다. 이러한 가치의 바탕에는 놀이의 정신이 있다. 어린아이의 놀이가 보여주듯이 자기 극복은 낡은 서판의 율법을 지키는 것이나 모든 순간과 우연의 긍정에서 자신의 초월하는 창조적 행위에서 현실화한다.

> 사람은 짐승과 위버멘쉬 사이를 잇는 심연 위에 걸쳐 있는 하나의 밧줄이다. 저편으로 건너가는 것도 위험하고 건너가는 과정도 위험하고 뒤돌아보는 것도 위험하며 벌벌 떨고 있는 것도 멈춰 서 있는 것도 위험하다.
>
> (KGW III-1: GT, 58쪽)

가능성으로서의 인간은 하나의 과정에서 앞으로 나아가 위버멘쉬가 될 수도 있으며, 뒤로 물러서 짐승만도 못한 존재가 될 수 있다. 니체는 그러한 인간을 짐승과 위버멘쉬를 잇는 밧줄 또는 두 단계를 이어주는 교량에 비유하기도 하였다. 심연 위에 걸쳐 있는 하나의 밧줄 위에 인간은 정확히 어디쯤 있는지 알 수 없는 불안정한 중간 존재이다. 그에게 선택이란 줄의 생명줄에 모든 것을 걸고 앞으로 나가거나 뒤로 물러서거나 둘 중 하나이다. 그런데 인간이 일단 줄 위에 있다면 목숨을 걸고 앞으로 나가는 위험천만한 모험을 감행해야 한다. 미완의 존재이면 중간 존재이기도 한 인간은 아직은 형태를 갖추고 있지 못한 아무것도 아니지만, 무엇이든 될 수 있는 소재와 같다. 따라서 인간은 스스로가 자신의 존재 가치와 의미를 창출하여 자신을 완성해야 한다.

그러면 어떻게 자기 극복에 이를 수 있는가? 앞서 암시하거나 상징 등으로 도식화된 단계는 낙타-사자-어린아이로 되어있는 것이었다. 그런데 그 경계가 유동적이고 모호하기 때문에 우리가 낙타인지 사자인지 어린아이인지 말하기 어려웠다. 그래서 보다 경계를 명료하게 보여주기 위해, 니체는 극복하는 인간은 대지를 근거하여 대지에 충실하지 않은 자를 경멸하고 극복하고자 한다. 대지는 변화이고 생성이기에 자신의 위치에 머물고자 하고 도태하고자 하는 벌레나 원숭이와 같은 짐승적인 요소를 가지고 있는 인간을 극복하고자 한다. 이러한 변종에 대한 니체의 비판은 니체 당대 문명과 그 속에 있는 전통 형이상학과 기독교에 대한 비판이었다.

먼저 역사의식 없이 일상의 안일을 최고의 가치로 삼고 하루하루 살아가는 변변치 못한 무리의 인간들이 차라투스트라가 얼룩소 시장터에서 만난 군중들이다. 이들은 돌아볼 과거도 내다볼 미래도 없는 인간들이다. 오늘날 거리를 메우고 있는 얼굴 없는 인간들, 니체가 천민, 다수, 민중, 짐승 때, 떼 짐승, 잡것 따위로 불러 매도한 쓰레기 같은 인간들이 바로 '최후의 인간'이다. 하이데거는 이들을 실존에 대한 자각이 없는 비(非)본래적 삶을 살아가는 사람으로 타락하여 본래성을 잃은 채 익명의 삶을 사는 사람, 자신의 근원적 존재와 아무 관계없는 잡담이나 하는 모든 것을 애매하게 얼버무리는 거리의 사람, 누구라도 좋을, 바로 그 때문에 어느 누구도 아닌 사람을 '세상 사람'이라고 불렀다. 야스퍼스도 실존에 대한 자각 없이 일상을 살아가는 얼굴 없는 사람을 '실존 없는 현존재'라고 불렀다. 자기 자신이 되는 것이 두려운 나머지 세상 속으로 달아나는 사람이 그런 사람이다. 하이데거의 세상 사람이나 야스퍼스의 실존 없는 현존재에는 대중에 대한 불신과 경멸 그리고 경계가 그대로 드러나 있다.

니체는 이들 최후의 인간같이 하나같이 잠에 빠진 대부분 사람에게 절망했다면 그보다 한 단계 위의 인간으로 반쯤 깨어난 '소수'에게 새로운 희망을 보았다. 이들 소수도 '지체 높은 인간'으로 천민의 세상에 절망한 사람들이다. 절망한 사람만이 그런 세상에서 벗어날 수 있다. 이들은 세상이 무의미하다는 허무주의자 '예언가'도 있고, 권좌를 내려놓고 자신보다 지체 높은 자를 찾아 나서는 '두 명의 왕'도 있다. 또한, 정신의 양심을 지닌 자로 엄격한 논리를 신봉하고 검증 가능한 지식만 믿겠다는 '학자' 그리고 '마술사', '교황', '더없이 추악한 자', '제 발로 거지가 된 자', 그리고 마지막으로 허구한 날 차라투스트라의 발꿈치를 쫓아다닌 나그네로 '그 자신의 그림자'이다. 이들도 모두 자신의 문제와 실랑이했을 뿐 인류의 문제로 고뇌한 것은 아니었다. 그러나 이들은 최후의 인간들과 비교해보면 실패한 자, 반쯤 파멸한 자들로 온전히 깨어난 자 차라투스트라를 찾아 나선 자들이었다. 이들은 모두 지체로 볼 때 사자와 같은 존재이지만 극복되어야 할 사람들이었다. 결국, 정신적 각성과 결단은 최후의 인간에서 더욱 지체 높은 인간으로 그리고 자기 극복의 실현자 위버멘쉬의 경지에 이르게 된다.

위버멘쉬를 향한 첫발은 선과 악으로 되어있는 도덕적 가치에서 벗어나 도덕 이전 순수한 자연의 가치를 회복해야 한다. 자연으로 돌아감으로써 우리는 건강하고 정직한 존재로 다시 태어난다. 위버멘쉬는 현실의 대지에 발을 단단히 고정하고 무한한 힘으로 자연으로 돌아가 이 대지와 그 위에서 삶을 존재의미와 모든 가치의 근원으로 삼는 인간, 니체의 위버멘쉬가 그런 인간이다.

V

나가는 말

니체는 『비극의 탄생』 머리말에서 예술을 인간 본래의 형이상학적 활동으로 파악하고, 세계의 실존은 오직 예술적 현상으로만 정당화될 수 있다고 주장하였다. 니체에게 있어 당시의 생활은 그리스인들의 생활방식들에서 근본적으로 이탈했다는 하나의 이유로 고통스러웠다. 따라서 그에게 실존적 삶을 대변하는 그리스 비극은 인간을 병약하게 만드는 염세주의를 극복하는 방안으로 여겨졌다. 그는 고대 그리스 비극을 재탄생시킴으로써 전통 형이상학과 기독교인 적인 방식에서 벗어나 현실 세계의 욕망을 인정하고 이를 신성한 것으로 변용시켜 삶의 허무와 고통을 극복하고자 하였다. 니체는 그리스인들이 염세주의를 극복한 방식을 다음 세 가지 과정을 통해 설명하였다. 첫 번째 과정은 아폴론적인 예술이고, 두 번째 과정은 디오니소스적 예술이며, 마지막 세 번째 과정은 아폴론적 예술과 디오니소스적인 예술의 화해로서 완성된다.

이제 니체는 구체적으로 신화를 형상화한 고대 비극들을 통해 그의 비극적 사유양식을 나타내었다. 고대 그리스인들은 무용 · 음악 · 시의 융합체인 무지케를 구성적 예술인 테크네와 구분하고 무지케의 본질적 특징을 포이에시스, 즉 창조행위로 보았다. "비극은 비극합창단으로부터 발생했으며, 비극은 근원적으로 합창(Chor)이고, 그 외의 아무것도 아니다."라는 니체의 단언은 비극은 무지케, 즉 시, 음악, 무용(춤)이 결합한 종합 예술이라고 말할 수 있다. 따라서 비극은 이성과 합리를 상징하는 아폴론적 충동과 감성과 도취를 상징하는 디오니소스적 충동의 화해라는 음악 정신에 의한 창조적 행위라고 해석될 수 있다.

고대 그리스 비극과 디오니소스적인 것과 아폴론적인 것의 관계를 탐구하기 위해 고대 비극의 음악적 기원과 신화적 요소들을 살펴보았다. 주로 소포클레스의 고대 비극 「오이디푸스 왕」을 분석하면서 그리스 비극이 드러내는 그리스적 의지를 이해하였고, 아이스킬로스와 에우리피데스의 주요 비극작품들을 통해 그리스 비극이 역사적으로 어떻게 발전하고 쇠퇴하게 되었는지를 파악하였다.

니체는 고대 그리스 비극에서 그리스인의 고통을 보았다. 그는 그리스 비극이 이러한 고통을 디오니소스적 광기로, 황홀 상태로, 공동체 전체가 하나가 되는 화합으로 그리고 비극적인 것을 향한 인간의 의지를 드러내고자 하였다. 『비극의 탄생』은 바로 디오니소스적 세계로 들어가는 전주곡이다. 니체는 "이러한 새로운 영혼을 말하지 말고 노래했어야 했다!"라고 말한다. 니체는 스스로 신비적이고 마이나데스적인 영혼을 힘겹게 써 내려갔다고 고백한다. 그리고 그는 '무엇이 디오니소스적인가'에 대한 답변을 제시한다. 니체는 당시의 시대적 상황을 인식하고, 『비극의 탄생』에서 위기와 고통을 극복하고자 하는 그리스적 의지를 보여주고, 새로운 장르의 예술형식으로서 비극의 출현을 통해 공동체적 화해를 도모하고자 하였다.

니체는 삶의 가장 낯설고 가장 가혹한 상황 속에서도 삶 그 자체에 맞서는 가운데 그 삶을 적극적으로 살아가고자 한다. 그는 절대신의 최상의 모습을 희생시키면서 본연의 삶 그 자체의 고유한 무한성에 환희를 느끼는 삶에의 의지, 디오니소스적 음악을 부활시켰다. 니체에게 음악은 자연으로 돌아가 어두운 내면적인 힘을 강력하게 느끼고 그 고통스러운 자연을 직시할 수 있고 순화하는 힘을 가지고 있었다. 음악은 도취와 꿈, 즉 황홀과 사고의 대립을 내면에서 통합하고자 한다. 이 신비적 통일은 그 '하나', 즉 '근원-하나' 이 삶의 근원과 목표인 그리스 비극을 가리킨다. 니체의 『비극의 탄생』에서 결정적인 가치 전도를 시도한다. 고대 그리스인들의 해결 방식은 "학문을 예술의 관점에서 보고 예술을 삶의 관점에서 볼 것", "세계와 존재는 미적인 현상으로서만 정당화됨", 즉 예술가 형이상학의 이념이었다. "우리의 음악은 이제 과거에는 소리를 내지 않았던 사물까지 소리 내게 만든 것"이라고 니체는 말한다.

이제 니체는 『차라투스트라는 이렇게 말했다』에서 고대 그리스 비극이 담아내었던 상실한 육체의 목소리, 몸짓, 리듬 동작을 되살린 서사적, 서정적 교훈시이며 즐거운 비극을 이야기한다.

> 나의 창조적인 의지가 이렇게 나의 운명을 원하고 있다. 좀 더 솔직하게 말하면 자로 그러한 운명을 나의 의지가 원하는 것이다. 나의 모든 감정은 내부에서 고뇌하면 감옥에 감금되어 있다. 그러나 나의 의지는 항상 나를 해방해 주고 내게 위안을 가져다준다. (KGW Z II, 107쪽)

『차라투스트라는 이렇게 말했다』에서 니체는 정신의 세 단계 변화, 즉 어떻게 정신이 낙타가 되고, 낙타가 어떻게 사자가 되며, 마지막으로 사자가 어떻게 어린아이가 되는지를 설명한다. 내면에 외경심이 깃들어 있는 강하고 참을성 있는 정신이 무거운 짐을 지고 있다. 참을성 있는 정신은 이 모든 무거운 짐을 짊어지고자 한다. 무거운 짐을 지고 총총히 사막으로 들어가는 낙타처럼 정신은 자신의 사막으로 총총히 들어가는 것이다. 이제 쓸쓸하기 짝이 없는 사막에서 두 번째 변화가 일어난다. 이곳에서 정신은 사자가 되고, 자유를 쟁취하여 사막의 주인이 되려고 한다. 여기서 사자의 정신은 적극적으로 '나는 하려고 한다'라고 말한다. 이처럼 스스로 창조하는 일은 오직 사자의 힘으로 가능하다. 마지막 단계로서 창조의 유희를 위해 신성한 절대 긍정이 필요하다. 이러한 새로운 시작은 바로 어린아이의 순진함과 망각이다. 이제 정신은 자신의 의지를 원하고, 세계를 잃어버리는 자는 스스로 자신의 세계를 획득한다. 여기서 순진한 어린아이의 모습으로 나타나는 신성은 니체가 제시한 또 하나의 예술적 현상으로만 정당화될 수 있다.

니체는 『비극의 탄생』에서 예술가-형이상학의 방법론을 통해 전통철학을 해체하고자 하였다. 먼저 니체의 비극적 사유는 고통스러운 삶에서 비롯되는 염세주의를 극복하기 위한 시대적 과제에서 출발하였다. 두번째로 이러한 염세주의를 극복하기 위한 비극적 사유는 니체가 고대 그리스적 명랑성으로 이해하는 탁월한 그리스 정신이고 이는 디티람보스 음악, 즉 디오니소스적인 것과 아폴론적인 것의 화합과 화해를 담은 음악 정신에 의해 그리스 비극으로 형상화된 것이다. 그리고 마지막으로 니체의 비극적 사유는 세계와 인간의 삶을 미학적으로 정당화하는 세계이해방식이다. 그의 예술가-형이상학의 핵심은 먼저 "세계는 매 순간 변화하며 인간은 고통을 겪는 근원적 일자로서 존재한다는 것이다. 또한, 이 근원적 일자는 아름다운 가상의 세계를 창조한다. 아름다운 가상의 세계가 우리가 사는 현상세계이며, 근원적 일자는 그러한 가상이 인간의 본래적 삶을 창조하는 기쁨을 통해 자신을 스스로 구원한다."라고 하는 형이상학적 가정들이다. 니체의 이러한 삶에 대한 미학적 접근은 우리의 삶이 다른 어떤 욕구나 목표를 위해 존재하는 것이 아니라 오직 본래의 삶 그 자체로 존재한다는 것을 의미한다.

니체의 신의 죽음 선포는 전통 형이상학의 붕괴를 의미한다. 플라톤 이래 유럽의 정신사에서 절대적 우위를 차지했던 참된 존재의 세계로서 이데아의 이상세계의 지배권이 붕괴하였음을 또 기독교의 신이 최고의 존재자이자 최상의 가치로서 더는 그 지배력을 행사하지 못하고 무가치하게 되었음을 의미한다. 그는 모든 가치에 대한 전도를 시도함으로써 고통스러운 현실, 삶에 대한 공포와 두려움들을 극복하기 위한 가능성을 모색한다. 비극적 사유는 인간이 삶의 의미와 방향을 제시해 주었던 일체의 것, 즉 실재, 신앙 그리고 도덕 등의 상실을 자각하는 순간 고통이 다가온다는 점에서 출발한다. 그는 초월적 배후세계를 없애고 이 세계를 유일한 세계로 만들고 이 세계에서 무의미하고 무목적적인 삶에 대한 허무적 인식에서 벗어나 적극적으로 창조적인 삶을 긍정하며 살아갈 것을 희망하였다. 오늘날 문명 발달과 산업 분업화의 결과로 현대인은 자연으로부터 소외, 생산 활동과 노동으로부터 소외를 겪는다. 니체는 이러한 비자연성을 일깨워주는 것이 바로 고대 그리스 정신이라 보았기에 그리스 비극의 재탄생을 염원하였다. 이렇듯 니체는 소멸하는 유한한 개별자로 살아가는 우리에게 괴롭고 고통스러운 현실 속에서도 삶을 긍정하고 적극적으로 살아가는 힘의 원천을 제시하고자 하였다.

니체철학은 후에 들뢰즈를 비롯하여 하이데거, 데리다, 푸코, 로티 그리고 하버마스 등 현대철학자들에 의해 재구성되었다. 니체 철학은 기존 철학의 협소한 지평을 확장하여 실천적인 측면에서 다원화된 사회로 나아가는 토대를 제공하였다. 특히 들뢰즈의 니체 해석이 20세기 후반 니체 철학의 르네상스를 주도하면서 자신의 철학적 방법론을 전면에 드러내고 단순히 주석 달기에 그치지 않고 새로운 철학의 가능성을 열어 놓게 되었다.

니체가 추구하는 비극은 신에 의해 또는 생물학적으로 부모로부터 태어난, 창조된 존재에서 창조하는 존재로, 창조된 삶에서 벗어나 스스로 창조하는 삶으로 새롭게 해석될 수 있었다. 니체에게 있어서 인간 위대함의 유일한 필수적인 속성은 자기 창조에 있다. 하이데거가 니체는 인간은 표상하고-생각하는 주체가 아니라 가치를 창조하고-해석하는 주체라고 주장하고 있다는 사실을 보더라도 인간을 가치를 창조하고-해석하는 주체로 파악하고 있음을 알 수 있다. 또한 위버멘쉬는 자신의 힘에의 의지에 대응하여 자신을 부단히 극복하고 초월하는 인간 유형이다. 그 자신이 이런 경험 상황의 창조자이며 이 상황에 가치와 의미를 부여하는 자다. 따라서 니체의 위버멘쉬는 자신의 힘 의지를 강화하는 것을 목적으로 가치들을 자유롭게 창조하는 자이다.

니체는 "나는 춤출 줄 아는 하나의 신만을 믿을 것이다."라고 한다. 지금부터 니체의 『비극의 탄생』에서 보여주었던 인간의 근원적 모순과 고통을 드러내고 또한 이를 극복하는 역동적이며 창조적인 힘을 드러내는 디오니소스적 음악을 시작해보자.

"즐거운 비극을 노래하자, 아모르 파티! (Amor Fati!)"

참고문헌

1. F.W. Nietzsche의 저작

Nietzsche, Friedrich, Die Geburt der Tragödie, Unzeitgemäße Betrachtungen III -1 1872~1874, Nietzsche Werke, Kritische Gesamtausgabe, G. Colli·M.Montinari(Hrsg.), Berlin · New York: Walter de Gruyter, (1972).

________________, Sätliche Werke, Kritische Studienausgabe, 15 Bäden, G. Colli · M.Montinari(Hrsg.), Berlin · New York: Walter de Gruyter, (1980).

니체, 프리드리히, 『니체전집』 제1~21권, 서울: 책세상. 2019.

______________, 『비극적 사유의 탄생』, 이진우 옮김, 서울: 문예출판사, 1997.

______________, 『비극의 탄생』, 박찬국 옮김, 아카넷, 2007.

______________, 『차라투스트라는 이렇게 말했다』, 레지널드 홀링데일, 홍성광 옮김, 펭귄클래식라스, 2010.

______________, 『즐거운 학문』, 안성찬, 홍사현 옮기, 책세상, 2005.

______________, 『인간적인 너무나 인간적인』, 강두식 옮김, 동서문화사.

______________, 『우상의 황혼』, 박찬국 옮김, 책세상, 2005.

______________, 『도덕의 계보학』, 홍성광 옮김, 연암서가, 2011.

______________, 『니체 자서전-My sister and I』, 김성균, 까만양, 2012.

2. 국내·외 저작

고영섭, 『니체 극장』, 김영사, 2012.

강영계, 『니체와 문명비판』, 철학과 현실사, 2007.

______, 『니체, 해체의 모험』, 서울: 고려원, 1995.

______, 『니체와 예술: 한 천재 철학자의 광기와 진리』, 서울: 한길사, 2000.

고봉준 외, 『문예사조』, 서울: 시학, 2007.

구연상, 『공포와 두려움 그리고 불안』, 청계, 2002.

김광명, 『칸트 미학의 이해』, 철학과현실사, 2004.

김기영, 『그리스 비극의 영웅 세계』, 도서출판 길, 2015.

김상환, 『예술가를 위한 형이상학』, 서울: 민음사, 1999.

김상환 외, 『니체가 뒤흔든 철학 100년』, 서울: 민음사, 2000.

김수배, 『역사 속 이성, 이성 안의 역사』, 철학과 현실사, 2004.
김인곤 외, 『소크라테스 이전의 철학자들의 단편선집』, 서울: 아카넷, 2005.
김정현, 『니체의 몸철학』, 지성의 샘, 1995.
______, 『니체, 생명과 치유의 철학』, 서울: 책세상, 2006.
김진경, 『그리스 비극과 민주 정치』, 일조각, 1991.
김헌, 『그리스 문학의 신화적 상상력』, 서울대학교출판문화원, 2017.
박찬국, 『들길의 사상가, 하이데거』, 서울: 그린비, 2013.
______, 『해체와 창조의 철학자, 니체』, 동녘, 2001
______, 『내재적 목적론』, 서울: 세종출판사, 2012.
백승영, 『니체, 디오니소스적 긍정의 철학』, 서울: 책세상, 2005.
성진기외, 『니체 이해의 새로운 지평』, 서울: 철학과 현실사, 2000.
승계호, 『괴테 니체 바그너』, 석기용 옮김, 반니, 2006.
양해림, 『디오니소스와 오디세우스의 변증법』, 철학과 현실사, 1999.
______, 『현대 해석학 강의』, 집문당, 2011.
______, 『미와 아트, 대중문화와 만나다』, 집문당, 2014.
______, 『해석학적 이해와 인지과학 - 현대해석학, 인지과학에 말 걸다』, 집문당, 2014.
______, 『니체와 그리스 비극』, 한국문화사, 2017.
양해림 외, 『니체의 미학과 예술철학』, 북코리아(선학사), 2017.
오인탁, 『파이데이아』, 학지사, 2001.
오희숙, 『음악과 천재』, 서울대학교출판문화원, 2015.
유덕희, 『음악교육학개론』, 서울: 학문사, 1981.
이상엽, 『니체와 문화철학』, 서광사, 2007.
______, 『니체철학의 키워드』, 울산대학교출판부(UUP).
______, 『니체의 역사관과 학문관』, 울산대학교출판부(UUP).
이수영, 『니체의 명랑철학』, 파주: 동녘, 2011.
이승종 외, 『축제와 문화』, 연세대학교 출판부, 2003.
이정린, 『아리스토파네스와 고대 그리스 희극공연』, 한국학술정보, 2006.
이진성, 『그리스 신화의 이해』, 서울: 아카넷, 2016.
이진우, 『니체, 실험적 사유와 극단의 사상』, 서울: 책세상, 2009.
______, 『니체의 차라투스트라를 찾아서』, 서울: 책세상, 2010.
임철규, 『그리스 비극』, 서울: 한길사, 2007.
정낙림, 『니체와 현대예술』, 서울: 역락, 2012.
______, 『놀이하는 인간의 철학- 호모 루덴스를 위한 철학사』, 책세상, 2017.
정동호, 『니체』, 책세상, 2014.
정동호 외, 『오늘 우리는 왜 니체를 읽는가』, 책세상, 2006.

정영도 외,『니이체 철학의 현대적 이해와 수용』, 서울: 세종출판사, 1999.
조경태,『독일 운문학 개론』, 종문화사, 2006.
천병희,『그리스 비극의 이해』, 문예출판사, 2002.
최상욱,『니체, 횔덜린, 하이데거, 그리고 게르만 신화』 서광사, 2010.
______,『진리와 해석』, 서울: 다산글방, 2002.
최순영,『니체와 도덕의 위기 그리고 기독교』, 서울: 철학과 현실사, 2010.
최재희,『칸트의 순수이성비판 연구』, 박영사, 1983.
최혜영,『그리스 비극 깊이 읽기』, 푸른 역사, 2013.
현영민,『그리스 신화 자연, 신, 그리고 인간』, 충남대학교출판부, 2010.
홍정수, 오희숙,『음악미학』, 음악세계, 1999.
겐이치, 다시마,『니체의 생애와 사상』, 남이숙 옮김, 한국학술정보, 2002.
그라우트, 도날드 J.,『서양음악사상』, 김진균 외 옮김, 서울: 세광출판사, 1984.
그라우트, 도날드 J. 외,『그라우트의 서양음악사』, 상,하권, 민은기외 옮김, 이앤비플러스, 2007.
그리말, 피에르,『그리스 로마 신화 사전』, 최애리 외 옮김, 열린책들, 2003.
도즈, 에릭 R.,『그리스인들과 비이성적인 것』, 주은영, 양호영 옮김, 까치, 2002.
들뢰즈, 질,『니체와 철학』, 이경신 옮김, 서울: 민음사, 2001.
_________,『차이와 반복』, 김상환 옮김, 서울: 민음사, 2004.
뢰비트, 카알,『헤겔에서 니체로』, 강학철 옮김, 서울: 민음사, 1990.
리에베르, 조르주,『니체와 음악』, 이세진 옮김, 북노마드, 2016.
마틴, 토마스 R.,『고대 그리스의 역사: 선사시대에서 헬레니즘 시대까지』, 이종인 옮김, 가람기획, 2003.
미헬스, 울리히,『음악은이』, 홍정수, 조선우 편, 서울 음악춘추사, 2002.
____________,『음악은이』제1권, 홍정수, 조선우 편, 세광음악출판사, 1991.
____________,『음악은이』제2권, 홍정수, 조선우 편, 세광음악출판사, 1991.
바이저, 프레드릭,『헤겔 이후』, 이신철 옮김, 도서출판b, 2016.
번햄, D. 제싱호젠, & M.,『니체의 비극의 탄생 입문』, 임건태 옮김, 서광사, 2015.
벨러, 에른스트,『데리다-니체 니체-데리다』, 박민수 옮김, 책세상, 2003.
베르낭, 장 피에르,『그리스인들의 신화와 사유』, 박희영 옮김, 아카넷, 2005.
볼파르트, 권터,『놀이하는 아이 예술의 신 니체』 정해창 옮김 담론사, 1997.
브로켓, 오스카 G.『연극개론』, 김윤철 옮김, 서울: 한신문화사. 2002.
쇼펜하우어, 아르투어,『의지와 표상으로서의 세계』, 권기철 옮김, 동서문화사, 2008.
_________________,『충족이유율의 네 겹의 뿌리에 관하여』, 김미영 옮김, 나남, 2010.
슐라퍼, 하인츠,『니체의 문체』, 변학수 옮김, 책세상, 2013.

스넬, 브르노, 『정신의 발견-서구적 사유의 그리스적 기원』, 김재홍 옮김, 까치, 1994.
스턴, J. P., 『니체』, 이종인 옮김, 시공사, 2002.
아이스킬로스 외, 『그리스 비극』, 곽복록, 조우현 옮김, 동서문화사, 2015.
______________, 『그리스 비극 걸작선』, 천명희 옮김, 도서출판 숲, 2016.
아리스토텔레스, 『시학』, 천병희 옮김, 문예출판사, 2002.
______________, 『정치학』, 천병희 옮김, 도서출판 숲, 2013.
알버트, 칼, 『플라톤 철학과 헬라스 종교』, 이강서 옮김, 아카넷, 2014.
야스퍼스, 칼, 『니체와 기독교』, 이진오 옮김, 철학과현실사, 2006.
__________, 『니체-생애』, 강영계 옮김, 까치, 1984.
엘리아데, 미르치아, 『세계종교사상사』 제3권, 이용주 옮김, 이학사, 2005.
요, 쿠니야스, 『음악미학 입문』, 김승일 옮김, 삼호뮤직, 2002.
워리, 존 깁슨, 『그리스 미학』, 김진성 옮김, 그린비, 2012.
자프란스키, 뤼디거, 『니체-그의 생애와 사상의 전기』, 오윤희 옮김, 문예출판사, 2003.
키퍼드, 조지, 『소피스트 운동』, 김남두 옮김, 아카넷, 2003.
클로소프스키, 피에르, 『니체와 악순환』, 조성천 옮김, 그린비, 2009.
타타르키비츠, W., 『타타르키비츠 미학사 1- 고대미학』, 손효주 옮김, 미술문화, 2005.
_______________, 『미학의 기본 개념사』, 손효주 옮김, 미진사, 1990.
프렌첼, 이보, 『니체』, 강대석 옮김, 한길사, 1997.
플라톤, 『국가』, 박종현 옮김, 서광사, 2005.
______, 『법률』, 박종현 옮김, 서광사, 2009.
플루타르크, 『플루타르크 영웅전 전집 I. II』, 이성규 옮김, 현대지성사, 2000.
하이데거, 마르틴, 『니체와 니힐리즘』, 박찬국 옮김, 철학과 현실사, 2000.
______________, 『니체 I 』, 박찬욱 옮김, 도서출판 길, 2010.
______________, 『니체 II 』, 박찬욱 옮김, 도서출판 길, 2010.
______________, 『진리의 본질에 관하여』, 이기상 옮김, 까치, 2004.
함머마이스터, 카이, 『독일 미학 전통: 바움가르텐부터 아도르노까지』,
신혜경 옮김, 이학사, 2013.
헤로도토스, 『역사』, 천병희 옮김, 숲: 고양, 2009.
헤시오도스, 『신통기』, 김원익 옮김, 서울: 민음사, 2016.
_________, 『신통기』, 천병희 옮김, 서울: 한길사, 2004.
헤이먼, 로널드, 『니체』, 박갑현 옮김, 궁리, 2003.
호제, 마틴, 『희랍문학사: 호메로스부터 고대의 황혼까지』, 김남우 옮김, 작은이야기, 2010.
호르크하이머, 막스, 『도구적 이성비판』, 박구용 옮김, 문예출판사, 2006.
Abel, Güter, *Nietzsche, die Dynamik der Willen zur Macht und die ewige*

Wiederkehr, Walter de Gruyter·Berlin·New York, (1998).
Albert, Karl, *Griechische Religion und platonische Philosophie*, Hamburg: Meiner, (1980).
Allison, David B., *Reading the New Nietzsche*, NewYork: Rowman & Little field Publischers, (2001).
Aristoteles, *Peri Poietikes*, Halliwell, Stephen(trans.), The Poetics of Aristotle, London: Duckworth, (1987).
Barbara von Reibnitz, *Ein Kommentar zu Friedrich Nietzsche "Die Geburt der Tragödie aus dem Geiste der Musik"*, (1989).
Badiou, Alain, *Five Lessons on Wagner*, Susan Spitzer(tranS.), London: Verso, (2010).
Beardsley, M. C., *Aesthetics- From Classical Greece to the Present: A Short History*, The University of Alabama Press, (1975).
Beiser, Frederick C., *After Hegel: German philosophy 1840~1900*, Princeton University Press, (2014).
________________, *The romantic imperative: the concept of early German romanticism*, Cambridge: Harvard University Press, (2003).
Bormann, Karl, *Platon*, München, (1993).
Brockhaus, F.A., *Brockhaus Enzyklopädie*, Bd.6,11, In vierundzwanzig Bänden(Firm), (1966).
Bujic, Bojan, *Music in European thought, 1851~1912*, Cambridge University Press, (1988).
Burnham, Douglas & Jesinghausen, Martin. *Nietzsche's The birth of tragedy: a reader's guide*, London; New York: Continuum, (c2010).
Caillois, Roger, *Les jeux et les hommes*, Paris: Edition Gallimard, (1967).
Campbell, Joseph, *A Joseph Campbell Companion: Reflections on The Art of Living*, Diane K. Osbon ed., New York: HarperCollins, (1995).
________________, *The hero with a thousand Faces*, Princeton, Princeton University Press, (1968).
Coplestone, F. C., *A History of Philosophy*, Vol1, The Newman Press, Westminster, Maryland, (1960).
Dahlhaus, Carl, *Die Idee der absoluten Musik*, Kassel, (1978).
____________, *Wagners Konzeption des musikalischen Dramas*, Verlag: Dtv; Auflage: Gemeinschaftliche Ausgabe, (November 1990).
Deleuze, Gilles, *Nietzsche et la Philosophie*, Paris: Presses Universitaires de

France, (1962).

__________, *Difféence et rééition*, Paris: Presses Universitaires de France, (1968).

Dissanayake, Ellen, *Homo Aestheticus: Where Art Comes from and Why Where Art Comes from and Why*, Seattle: University of Washington Press, (1995).

Dodds Eric R., *The Greeks and The Irrational*, Berkeley: The University of California, (1951).

Ferry, Luc, *Homo Aestheticus: the invention of taste in the democratic age*, anslated by Robert de Loaiza, Chicago: The University of Chicago Press, (1993).

Fink, Eugen, *Nietzsches philosophie*, Stuttgart; Berlin: Kohlhammer, (1979).

Gregor-Dellin, Martin, *Richard Wagner*, Sein Leben Sein Werk Sein Jahrhundert, Henschelverlag Kunst und Gesellschaft, erlin (1984).

Grey, Thomas S., *Wagner's musical prose: texts and contexts*, Cambridge: New York: Cambridge University Press, (1995).

Griffith, Mark, *Aeschylus Prometheus Bound*, Cambridge, (1983).

Heidegger, M., *Nietzsche Ⅰ*, Stuttgart: Klett-Cotta-Verlag, (1961).

Hollingdale, R.J., *Nietzsche: The Man and his Philosophy*, Cambridge: Cambridge University Press, (1999).

Jaspers, Karl, *Nietzsche und das Christentum*, Müchen: R. Piper& Co., (1963).

Jenmaire, Henri, *Dionysos: histoire du culte de Bacchus: l'orgiasme dans l'antiquite et les temps modernes*, origine du theatre en Grece, orphisme et mystique dionysiaque, evolution du dionysisme apres Alexandre, Paris: Payot, (1951).

Kioller, H., *Die Mimesis in der Antike*, Dissertationes Bemenses Bern, (1954).

Koelb, C laton, Nietzsche as Postmodernist, New York: State University of New York Press, (1990).

Liddell, Henry G. and Scott, Robert(comp.), *A Greek-English Lexicon*, Oxford: ClarendonPress, (1968).

Kaufmann, Walter, *Nietzshce: Philosopher, Psychologist, Antichrist*, Princeton University press, (1974).

Kaulbach, Friedrich, *Nietzsches Interpretation der Natur*, in Nietzsche-Studien, Bd. (10/11. 1981~82)

__________, *History of Aesthetics: Ancient Aesthetics vol.1*, Polish

Scientific Publishers, Warszawa, (1970).
Kerenyi, C., *The Gods of the Greeks*, London: Thames & Hudson, (c1951).
Kerényi, Karl & Rose, H. J., *The heroes of the Greeks* / C. Kerényi: German text rendered into English by H.J. Rose, London: Thames and Hudson, (1981).
Lucas, D.W., *Aristoteles Poetics*, Oxford, (1968).
Löwith, K., *Von Hegel zu Nietzsche*, Kohlhammer Verlag, Stuttgart, 1964.
Magnus, B., *Nietzsche's Existential Imperative*, Bloomington & London: Indiana University Press, (2003).
Magee, Bryan, *Wagner and Philosophy*, London: Penguin Press, (2000).
Magnus, B. and Higgins, Kathleen M.(edit.), *The Cambridge Companion to Nietzsche*, Cambridge: Cambridge University Press, (1996).
Makinney, H.D., *Music in history in the evolution of an ar*t, New York, American Book, (1954).
Megill, Allan, *Prophets of Extremity: Nietzsche, Heidegger, Foucault, Derrida*, Berkeley and Los Angeles: University of California Press, (1985).
Mann Thomas, *Wagner und unsere Zeit*, Aufsatze Betrachtungen Briefe, Fischer Taschenbuch Verlag, (1955).
Michaelis, C. F., Ueber den Geist der Tonkunst, second essay (1800), 29, as quoted by Eduard Hanslick, The Beautiful in Music, trans. Gustave Cohen, ed. Morris Weitz, New York, (1957).
Nehamas, Alexander, *Nietzsche: Life as Literature*, Harvard University Press, (1985).
Pearson, Keith Ansell, *Viroid Life: Perspectives on Nietzsche and the transhuman condition*, London and New York: Routledge, (1997).
Pindar, *Olympian Ode Pythian Odes*, trans by William H. Race, Harvard University Press, (1997).
Price, Simon, *Religions of The Ancient Greeks*, Cambridge University Press, (1999).
Otto, W.F., *Theophania*, Hamburg, (1956).
Sachs, C., *D ie Musik der im Handbuch der Musikwissenschaft*, hrsg. von E. Bücken, Wildpark-Postdam, (1928).
Santaniello, Weaver, *Nietzsche and the Gods*, State University of New York Press, (2001).
Schacht, Richard, *Nietzsche*, London: Routledge & Kegan Paul, (1983).

Schadewalt, W., *Von Homeros Welt und Werk*, Stuttgart, (1951).
Schmidt, J., *Kommentar zu Nietsche die Geburt des Tragödie*, Berlin: Walter de Gruyter, (2012).
Schrift, Alan, *Nietzsche and Question of Interpretation*, New York: Routledge Inc., (1990).
Schutte, Ofelia, *Beyond Nihilism: Nietzsche without Masks*, Chicago: University of Chicago Press. (1984).
Solomon, Robert C. and Higgins, Kathleen M., *Reading Nietzsche*, Oxford: Oxford University Press. (1988).
Sophokles, *Oidipous epi Koloni*. R. Jebb (edit.), Cambridge: Cambridge University Press, (1955).
Stern, J. P., *Nietzsche*, Collins: Fontana, (1981).
Tatarkiewicz, W., A History of Six Ideas, Polish Scientific Publishers, Warszawa, (1980).
Vogel Martin, *Apollinisch und Dionysisch: Geschichte enies genialen Inrrtums*, Gustav Bosse Verlag Regensberg, (1966).
Yobel, Yirmiyahu(ed.), *Nietzsche as Affirmative Thinker*, Dordrecht·oston·Lancaster: Martinus Nijhoff Publishers, (1986).
Wackenroder, Wilhelm Heinrich, *Phantasien über die Kunst, für Freunde der Kunst*, Hamburg, (1799)
Welsch, Wolfgang, *Grenzgaenge der Aesthetik*, Stuttgart: Philipp Reclam, (c1996).
Wernicke, K., *Artikel Apollon* in der Realencyclopädie von Pauly und Wissowa 2, (1896).

3. 국내외 논문

강경선, 「플라톤과 아리스토텔레스의 음악관에 대한 음악 치료적 이해」, 『인문과학연구』 제34권, 강원대학교 인문과학연구소, 2012.
김미기, 「감성과 자연의 명예회복—포이어바하와 니체의 몸개념을 중심으로」, 『니체연구』 제6집, 한국니체학회, 2004.
김상현, 「순수 미감적 판단의 연역에 관하여」, 『철학사상』 제13집, 서울대학교 철학사상연구소, 2001.
김상희, 「짜라투스트라에 나타난 Übermensch에 대한 연구: 조로아스터교와의 비교를 통해서」, 부산대학교 대학원 철학과 석사학위 논문, 1999.
김선희, 「니체와 쇼펜하우어에 있어서 예술의 치료적 양면성」, 『니체연구』 제19집, 한국니체학회, 2011.
김성일, 「신화에 꽃피운 고대 그리스의 종교 문화」, 『역사와 문화』 제3집, 건국대학교, 2001.
김주휘, 「니체의 '자연' 사유에 대한 소고」, 『니체연구』 제19집, 한국니체학회, 2011.
______, 「니체의 완전주의적 요청에 대한 이해: '동물-인간-위버멘쉬'이행을 중심으로」, 『범한철학』 제71집, 범한철학회, 2013.
______, 「니체와 야누스적 근대」, 『니체연구』 제20집, 한국니체학회, 2011.
김헌, 「아리스토텔레스 『시학』의 세 개념에 기초한 인간 행동 세계의 시적 통찰과 창작의 원리」, 『인간연구』 제7권, 카톨릭대학교 인간학 연구소, 2004.
민현준, 「'가상'개념을 중심으로 한 헤겔미학 연구- 예술과 진리의 연관관계를 중심으로」, 서울대학교 대학원 미학과 석사학위논문, 1991.
박찬국, 「니체의 초인은 부처인가」, 『인문논총』 제66집, 서울대학교 인문학연구원, 2011.
신동의, 「바그너 오페라 미학」, 중앙대학교 대학원 철학과 박사학위논문, 2007.
심광현, 「예술(작품)의 자율성과 사회적 실천(노동)으로서의 예술」, 『헤겔연구』 제3집, 한국헤겔학회, 1986.
양해림, 「니체의 디오니소스적 예술관 (1)」, 『철학』 제59집. 한국철학회, 1999.
______, 「제1부: 니체와 새로운 문화 패러다임: 슈펭글러의 문화유기체론 -괴테와 니체의 문화 영향사를 중심으로」, 『니체연구』 제13집, 한국니체학회 2008.
______, 「그리스 비극과 소크라테스 비판-니체 『비극의 탄생』을 중심으로」, 『니체연구』 제16집, 한국니체학회, 2009.
______, 「니체의 실존적 비극과 쇼펜하우어의 예술철학과의 관계」, 『인문학연구』 통권 105호, 충남대학교 인문과학연구소, 2016.
______, 「니체의 『비극의 탄생』에 대한 들뢰즈의 해석」, 『니체연구』, 한국니체학회, 2016.
윤병태, 「헤겔의 『논리학』에 나타난 '가상' 개념의 구조와 체계」, 『철학』 제66집, 한국철학회, 2001.
이성훈, 「현대예술의 동향과 독일미학의 두 방향」, 『새한철학회 학술발표회 논문집』, 대동철학회, 2002.
이상엽, 「니체의 '동일한 것의 영원회귀'에 대한 연구」, 『니체연구』 제5집, 한국니체학회, 2003.
______, 「니체의 삶의 예술철학」, 『니체연구』 제17집, 한국니체학회, 2010,
이안희, 「쇼펜하우어의 『의지와 표상으로서의 세계』에 관한 연구」, 『인문과학연구』 제3권, 상명대학교 인문과학연구소, 1995.
이재용, 「신화 속의 음악: 동서양 신화를 통해 보는 악기의 알레고리」, 『음악사연구』 제

3권, 음악사연구회, 2014.
이준석, 「소포클레스 『필록테테스』의 데우스 엑스 마키나 연구」, 서울대학교 대학원 철학과 석사학위논문, 2003.
임건태, 「니체의 비극적 인식과 형이상학 비판」, 고려대학교 대학원 철학과 박사학위논문, 2005.
______, 「니체의 영원회귀사상- 들뢰즈와 하이데거의 해석을 중심으로」, 『니체연구』 제15집, 한국니체학회, 2009.
______, 「음악하는 가운데 삶을 긍정하기-니체와 쇼펜하우어 비판을 중심으로」, 『니체연구』 제29집, 한국니체학회, 2013.
이창대, 「헤라클레이토스 철학의 새로운 이해」, 『철학』 제43집, 한국철학회, 1995.
임홍빈, 「몸과 이성, 자아: 차라투스트라는 이렇게 말했다의 한 해석」, 『니체연구』 제10집, 한국니체학회, 2006.
이온화, 「횔덜린 문학의 4원소론 수용」, 『괴테연구』 제18집, 한국괴테학회, 2006.
정낙림, 「니체의 비극적-디오니소스적 사유와 예술」, 『철학논총』 제37집, 새한철학회, 2004.
______, 「Aion, 놀이하는 아이 그리고 디오니소스」, 『인문논총』 제57집, 서울대학교 인문학연구원, 2007.
______, 「디오니소스 다시 한번 더: 니체의 디오니소스-자그레우스 신화의 수용과 철학적 의미」, 『니체연구』 제7집, 한국니체학회, 2005.
______, 「놀이에 대한 철학적 연구」, 『니체연구』 제14집, 한국니체학회, 2008.
______, 「헤라클레이토스 단편 B52에 대한 연구: 놀이철학의 관점에서」, 『니체연구』 제17집, 한국니체학회, 2010.
______, 「니체는 헤라클레이토스를 오해했는가」, 『철학연구』 제114집, 대한철학회, 2010.
______, 「헤라클레이토스 단편 B52에 대한 연구: 놀이 철학의 관점에서」, 『니체연구』 제17집, 한국니체학회, 2010.
이영수, 「니체의 '위버멘쉬(초인)'에 대한 원형(元型) 탐색」, 『철학논총』 제58집, 새한철학회, 2009.
정동호, 「니체철학의 자연과학적 토대」, 『니체연구』 제15집, 한국니체학회, 2009.
천병희, 「에우리피데스 비극의 이해(1)」, 『서양고전학연구』 제12집, 韓國西洋古典學會, 1998.
최준호, 「미학적인 것과 인간적 삶」, 『니체연구』 제24집, 한국니체학회, 2013.
허현숙, 「기악음악으로부터 디오니소스적 음악고찰-아울로스와 키타라를 중심으로」, 『니체연구』 제34집, 한국니체학회, 2018.
홍사현, 「니체의 비극 이론과 루만의 관찰 개념 비교」, 『니체연구』 제7집, 한국니체학회, 2005.

Bellini, Fermo, “Manuale di Musica” quoted by Hanslick, *The Beautiful in Music*, Milano, (1853).

Cartledge, Paul, “The Greek religious festival”, ed., Easterling & Muir, *Greek Religion and society*, Cambridge University Press, (1985).

Conway, Daniel W., “Overcoming the Übermensch: Nietzsche's Revaluation of Values”, *Journal of the British Society for Phenomenology*, (1989).

Huchzermeyer, H., “Aulos und Kithara in der griechischen Musik bis zum Ausgang der klassischen Zeit”, Phil. Diss. Münster, (1931).

Kathleen Higgins, “Nietzsche on Music”, *Journal of the History of Ideas*, Vol. 47, No.4, (1986).

Kaulbach, F., “Nietzsches Interpretation der Natur”, *Nietzsche-Studien* 10/11, (Berlin: Walter de Gruyter, (1981/1982).

Magnus, B., “Nietzsche's Eternalistic Counter-Myth”, *the Review of Metaphysics*, Vol. 26, No. 4 (1973).

Pollens, Stewart, “Curt Sachs and Musical Instrument Restoration”, *the Musical Times*, Vol.130, No. 1760, Aspects of the Keyboard (1989).

Weidlé, Wladimir, “Vom Sinn der Mimesis”, in *Der Mensch*, Führer und Geführter im Werk, Eranos Jahrbuch 31, (1962).

허 현 숙(Hyun-sook Hur) 저자 소개

충남대학교에서 철학을 가르치는 교육자이다. 중앙대학교 철학과에서 학사와 『수학적 논리주의에 관한 연구』로 석사를 마치고, 충남대학교 철학과에서 『니체 비극적 사유의 음악적 기원 연구』로 박사학위를 받았다. 2020년, 2021년, 2022년 문화체육관광부와 한국출판문화산업진흥원이 주관하는 도서관 지혜학교에서 '니체(Nietzsche)에게 배우는 디오니소스적 지혜'라는 주제로 신중년을 위한 인문학 강좌를 진행하고 있다. 주요 논문은 「프레게에 있어 수의 존재론적 의미」, 「기악음악으로부터 디오니소스적 음악 고찰」, 「실러의 『메시나의 신부』에 나타난 디오니소스적 예술원리」, 「아울로스 음악을 통한 니체의 디오니소스적 파괴미학」, 「니체와 괴테의 새로운 인간상 연구」 등이 있다.

허 미 숙(Mi-Sook Hur) 책표지 소개

이스트 캐롤라이나 대학교에서 예술 및 디자인 학교에서 가르치는 교육자이다. 서울대학교에서 금속세공 및 보석 학사 학위를 받고, 위스콘신-매디슨 대학교에서 금속 석사 학위를 받았다. 미술관, SOFA 시카고, 일본 이타미 미술관, 이탈리아 비첸차 오로 II에서 작품을 전시하였다. 자연과 인간의 교감을 중요시했던 그녀의 작품은 자연과 삶, 세상에 존재하는 모든 것이 하나되는 모습을 꿈꾸게 한다. 그녀의 주요 작품은 Art of Enameling: Techniques, Projects, Inspiration by Linda Darty, 500 Enameled 및 Metalsmith에 포함되어 있다. https://www.misookhur.com/